CODE

DES SEIGNEURS

HAUTS-JUSTICIERS

ET FÉODAUX.

CODE

DES SEIGNEURS

HAUTS JUSTICIERS

ET FÉODAUX,

O U

Maximes concernant les Fiefs & Droits féodaux, les Justices seigneuriales, & les Droits qui appartiennent aux Seigneurs à cause de leur Justice.

*Par M^e **** Avocat en Parlement.*

A Senlis, chez DES ROCQUES *; & à* PARIS,

Chez {
NYON, Libraire, Quai des Augustins, près le Pont S. Michel, à l'Occasion ;

KNAPEN, Imprimeur-Libraire, Grand' Salle du Palais, au Bon Protecteur ;

E T

DUCHESNE, Libraire, rue S. Jacques, au-dessous de la Fontaine de S. Benoît, au Temple du Goût.

M. DCC. LXI.

Avec Approbation & Privilège du Roi.

AVERTISSEMENT.

BEAUCOUP d'Auteurs ont donné des traités fort étendus fur les fiefs & fur les droits de juftice : mais comme ces fortes d'ouvrages font plutôt faits pour les jurif-confultes que pour les pro-priétaires, foit des fiefs, foit des juftices , on en a tiré toutes les maximes qui peu-vent être d'un ufage journa-lier. Ce font ces maximes que l'on préfente aujour-d'hui au public, fous le titre de *Code des seigneurs hauts-justiciers & féodaux.* En dépouillant cet ouvrage de la longueur des differtations, on le met à la portée d'un chacun. Le feigneur de fief & le haut-jufticier y trouveront des décifions claires de la plus grande partie des queftions qu'ils voient fouvent élever fur les droits qui leur appartiennent; ils pourront dès-lors fe parer de beaucoup de procès, où ils fe voient entraîner par des praticiens à qui ils fe confient trop aveuglément.

On indique fcrupuleufement , au bas de chaque maxime , les fources où elles ont été puifées. Par-là on fera en état de vérifier la fidélité des citations , que l'on a rapportées fi exacte-ment , que l'on a prefque toujours confervé l'expref-fion des auteurs d'où on les a tirées.

Le public a paru accueil-lir favorablement les diffé-rens codes qu'on lui a pré-fentés jufqu'à préfent ; parce-que , fans avoir la peine des recherches , il y trouve faci-lement tout ce qui con-cerne la matière qui en fait l'objet ; ainſi on eſpère que celui-ci ne ſera pas moins favorablement reçu, ſur-tout parce qu'il intéreſſe cette partie précieuſe de la nation, qui ſacrifie ſi généreuſement ſa vie & ſa fortune pour la gloire & la défenſe de l'état.

TABLE
DES CHAPITRES.

Fin de la Table.

CODE

CODE

DES SEIGNEURS

HAUTS-JUSTICIERS

ET FÉODAUX.

CHAPITRE PREMIER.

INTRODUCTION.

ORSQUE les Francs eurent fait la conquête des Gaules, le prince, qui les commandoit, se réserva une partie des terres conquises, & distribua le surplus à ses officiers, à la charge du service militaire. Ces officiers

firent de leur côté des concessions semblables à des officiers
subalternes, qui à leur tour en
firent de pareilles à d'autres. C'est
à cette gradation de concessions
que les fiefs & arriere-fiefs doivent leur origine.

Institutes de Loisel, liv. 4. tit. 3. des fief , note sur la régle 14.

Les justices étoient pour lors
attachées aux fiefs ; elles y étoient
tellement inhérentes , qu'il n'y
avoit point de fief sans justice,
ni de justice sans fief ; elles for-
moient enfin un droit lucratif du
fief : droit fondé sur ce que ceux

Esprit des soix , liv. 30. chap. 20.

„ qui avoient obtenu des fiefs ,
„ s'en procuroient la jouissance
„ la plus étendue , ils en tiroient
„ sans aucune réserve tous les
„ fruits & tous les émolumens ;
„ & comme un des plus consi-
„ dérables étoient les profits ju-
„ diciaires, il résultoit que celui
„ qui avoit le fief, avoit aussi la

Loisel , su-
pra cit.

„ justice. De cette source sont
dérivées les justices seigneuria-

les , dont les différens dégrés de haute , moyenne & basse , se sont formés par la concession des arriere-fiefs , auxquels les seigneurs n'ont laissé attaché que le dégré de justice qui étoit nommément exprimé dans le titre de concession. Les fiefs, qui d'abord n'étoient qu'à vie , étant devenus ensuite patrimoniaux & héréditaires, ceux qui en étoient seigneurs, démembrèrent la justice du fief par des inféodations particulières , en concédant à l'un séparément la justice sans fief , & à l'autre le fief sans la justice ; de forte que dans le treiziéme siécle ces deux choses étoient déja distinctes & séparées. Dès - lors la justice a cessé d'être attachée au fief; comme le fief, elle est devenue héréditaire & patrimoniale ; ce qui a donné lieu à cette maxime : *Fief & justice n'ont rien de commun.* Cependant, comme toutes les

juſtices ſont originairement émanées du roi , que la juſtice eſt attachée à ſa ſouveraineté , & qu'il
eſt ſeul fondé de droit commun
en haute , moyenne & baſſe juſtice par tout ſon royaume , un
ſeigneur qui la prétend , doit juſtifier de la conceſſion. Avant le
démembrement de la juſtice du
fief , il n'étoit point tenu à faire
cette preuve ; il ſuffiſoit qu'il juſ-
tifiât la propriété du fief qu'il poſ-
ſédoit , pour en induire le droit
de juſtice : mais ces deux choſes
étant devenues diſtinctes par les
inféodations & conceſſions ſépa-
rées qui en ont été faites , tout
ſeigneur , à qui l'on a conteſté
le droit de juſtice , a été obligé
de juſtifier la conceſſion qu'il en
avoit ; parce que la conceſſion
du fief ne prouve rien pour celle
de la juſtice , qui peut n'y être
pas compriſe : en ſorte qu'aujourd'hui , dès que le droit de

Eaquet ,
des droits de
juſtice , ch. 4.

justice est contesté à un seigneur qui le prétend, s'il veut en jouir, il doit en prouver la concession, *Baquet* ou par aveux & dénombremens, *chap. 5.* ou par possession immémoriale.

Autrefois il falloit être noble pour pouvoir posséder les fiefs; mais on en a accordé depuis la faculté aux roturiers, en payant le droit de franc-fief.

On distingue ordinairement les droits qui sont attachés à la justice & au fief, en droits honorables & en droits utiles.

Les droits honorables du fief sont la foi & hommage à chaque mutation de seigneur & de vassal, l'aveu & dénombrement à chaque mutation de vassal, les droits honorifiques & le droit de château.

Les droits utiles sont le relief, le quint, les lods & ventes, le retrait féodal, la commise, le cens, le champart, les dixmes inféodées , les bannalités , les corvées , les colombiers , les garennes , la chaffe , la pêche , &c.

Les droits honorables de la juftice font les droits honorifiques , le château , les bans de moiffon & de vendanges , &c.

Les droits utiles font les confifcations , les déshérences , les épaves , la bâtardife , les colombiers , le droit de voirie , de poids & mefures , le triage dans les bois & dans les pâturages , les boucheries bannales , le droit de banvin , la taille aux quatre cas , la chaffe , la pêche , &c.

Quand la juftice eft réunie au fief , tous ces différens droits n'appartiennent pas toujours au feigneur ; il faut fuivre là deffus la teneur de fes titres & la difpofition des coutumes. Lorfque la juftice eft poffédée féparément du fief , il y a une diftinction effentielle à faire entre les droits

que peut prétendre le seigneur
haut-justiciet , & ceux qui appartiennent au féodal ; c'est ce
que l'on fera connoître dans les
différens chapitres de cet ouvrage.

CHAPITRE II.

Des Nobles.

13. Secùs , *des princes du sang.*
14. Quid , *d'un noble qui a derogé?*
15. *Comment se perd la noblesse?*

I.

IL y a deux sortes de nobles
en France : les nobles de race,
& les ennoblis. 1. Deux sortes de no-
bles.

I I.

Les nobles de race sont ceux
dont les ancêtres ont toujours
vécu noblement , & dont on ne
connoît point de source roturière. 2. Nobles de race.

I I I.

Les ennoblis sont ceux qui ,
étant nés roturiers , ont obtenu
du prince des lettres d'ennoblis-
sement , ou ont possédé des charges qui les ont ennoblis. 3. Enno-
blis.

I V.

La noblesse ne se présume
point : celui qui prétend l'avoir ,
doit en justifier ; sinon il est re-
gardé comme roturier. 4. La no-
blesse se pré-
sume-t-elle ?

Baquet, des francs-fiefs , chap. 2. n. 3.

V.

5. Quels font les priviléges de la noblesse ?

Les nobles jouiffent de l'exemption des tailles qui ne font pas réelles. Quand ils n'exploitent pas au delà de quatre charrues, font exempts d'aides, fubfides, impofitions, fubventions ; font affranchis de toutes fervitudes perfonnelles, comme de milice, logement de gens de guerre, corvées, bannalité de four, (à l'égard de celle de moulins, voyez le chapitre des bannalités, n. 25.) ; peuvent chaffer fur les marais, étangs & rivières du roi, à une lieue des plaifirs ; en cas de délit, font décapités ; ne font point fujets à la jurifdiction du prévôt des maréchaux, ou juges préfidiaux, en dernier reffort, en matière criminelle ; peuvent demander, en cas d'accufation de crimes, d'être jugés la grand' chambre & la tournelle affemblées ; peuvent faire le commerce en gros, sans déroger ; ne peuvent être traduits dans les jurisdictions consulaires ; jouissent de plusieurs prérogatives d'honneur, & dans la plupart des coutumes partagent les successions différemment des roturiers.

La Roque, de la noblesse, chap. 95. Ordonnance de 1669 tit. des chasses, art. 17. Déclaration du roi, du 5. Février 1731. Ordonnance de 1670. tit. 1. art. 21. Edits du mois d'Août 1669. & Décembre 1701. Ordonnance de 1673. tit. 12. art. 10. Loyseau, des ordres, chap. 5.

V I.

Les fiefs sont affectés de toute ancienneté aux nobles ; & les roturiers n'en peuvent aujourd'hui posséder, qu'en payant le droit de franc-fief.

6. Les fiefs sont affectés à la noblesse.

Loyseau, suprà cit. n. 72.

V I I.

Les fiefs n'ennoblissent plus ceux qui les possédent.

7. La possession d'un fief ennoblit-elle?

Baquet, des francs-fiefs, ch. 3. n. 2.

V I I I.

8. Comment s'acquiert la noblesse militaire?

Les officiers qui parviennent au grade d'officier général, font de droit nobles, & leur postérité. Ceux qui, étant d'un grade inférieur à celui de maréchal de camp, se retirent chevaliers de l'ordre royal & militaire de saint Louis, après trente ans de service non interrompus, dont ils en auront passé vingt avec la commission de capitaine, ou dix-huit s'ils ont eu la commission de lieutenant-colonel, seize s'ils ont eu celle de colonel, quatorze s'ils ont eu le grade de brigadier, à moins qu'étant capitaines & chevaliers de saint Louis, ils ne soient morts au service, ou que leurs blessures ne les aient mis hors d'état de le continuer avant que d'avoir accompli le temps prescrit, & dont le pere & l'aïeul ont acquis le même temps de service, font aussi de droit nobles, ainfi que leur poftérité. Il faut obferver que le temps de fervice de ceux qui n'y étoient plus le 25. Novembre 1750. n'eft d'aucune confidération pour accomplir à leurs enfans & petits-enfans le temps prefcrit pour leur procurer l'avantage de la nobleffe.

Edit de Novembre 1750. regiftré le 25. articles 2. 3. 4. 6. 8. 9. & 14.

I X.

La nobleffe ne s'acquiert point par la prefcription ; & quand il paroît une fource roturière , il faut rapporter des titres d'ennobliffement poftérieurs : mais elle fe peut prouver par la poffeffion feule , quand on n'oppofe rien de contraire.

La Roque , traité de la nobleffe , ch. 63. & 64. Ordonnance d'Orléans , art. 110. de Blois , art. 257.

X.

Ceux qui tiennent des offices

en noblissans, comme officiers de cours souveraines, sécretaires du roi, & autres semblables, doivent marcher par-tout avant les simples gentilshommes de race, à cause de leur qualité d'officiers du roi.

Loyseau, suprà cit. n. 75.

X I.

11. Un étranger noble jouit-il en France de la noblesse ?

Un étranger noble, naturalisé ou non, qui vient s'établir en France, y jouit des priviléges de la noblesse.

Loyseau. ibid. n. 113. 114. & 115.

X I I.

12. Les nobles ne peuvent être fermiers des ecclésiastiques.

Il est défendu à tous gentilshommes, à peine d'être déclarés roturiers, de s'entremettre, directement ou indirectement, des baux à ferme, dixmes & autres revenus des ecclésiastiques.

Ordonnance de Blois, art. 48. Ordonnance de Melun, art. 31.

X I I I.

13. Secùs

Mais ils peuvent prendre à

ferme les terres des princes & princesses du sang, sans déroger.

des princes du sang.

Arrêt du conseil, du 20. Fév. 1720.

XIV.

Tout noble, qui a une fois dérogé, ne peut jouir des privi-léges de noblesse, qu'il n'ait ob-tenu du roi des lettres de réha-bilitation.

14. Quid, d'un noble qui a dérogé

Loyseau, suprà cit. n. 104. & 106.

X V.

La noblesse se perd aussi par le crime : mais elle peut être ré-tablie par des lettres de réhabi-litation.

15. Comment se perd la noblesse ?

La Roque, suprà cit. chap. 136. Edit des duels, art. 15.

CHAPITRE III.

Du Droit de Franc - Fief.

1. *Par qui est dû le droit de franc-fief ?*
2. *A qui appartient-il ?*
3. *Les bourgeois de Paris en sont exempts.*
4. *Aussi les ecclésiastiques.*
5. *Un mari qui a épousé une femme noble, le doit-il pour les héritages de sa femme ?*
6. *Comment se taxe le droit de franc-fief ?*
7. *Les engagistes le doivent-ils ?*
8. *Quand se paye ce droit ?*
9. *Quid, lorsque la propriété & l'usufruit d'un fief appartiennent à deux différens particuliers ?*

I.

1. Par qui est dû le droit de franc-fief ?

Tout rotutier, qui posséde un héritage-fief, est obligé d'en d'en payer le droit de franc-fief.

Baquet, du droit de franc-fief. chap. 3. n. 3.

I I.

Le droit de franc-fief appar-tient au roi seul, les roturiers ne pouvant posséder fief qu'avec sa permission.

2. A qui appartient-il?

Baquet, ibid. chap. 5. n. 4.

I I I.

Les bourgeois de Paris sont exempts du droit de franc-fief, pour les héritages - fiefs qu'ils possédent.

3. Les bourgeois de Paris en sont exempts.

Lettres patentes de Charles VI. du 5. Août 1390. confirmées par Charles VII. en Septembre 1400. & par Louis XIV. en Mars 1669.

I V.

Les ecclésiastiques constitués dans les ordres sacrés, en sont aussi exempts.

4. Aussi les ecclésiasti-ques.

Arrêt du conseil du 13. Avril 1751. article 16.

V.

Le mari roturier est obligé de

5. Un mari qui a épousé

une femme noble, le doit-il pour les héritages de sa femme ? payer le droit de franc-fief pour les héritages féodaux de sa femme noble ; *secùs*, si après la mort du mari la femme vit noblement.

Baquet, suprà cit. chap. 9. n. 2. & 3.

V I.

6. Comment se taxe le droit de franc-fief ? Le droit de franc-fief ne se taxe pas eu égard au prix de l'acquisition faite par le roturier, mais eu égard au revenu & au temps de la jouissance du roturier : ce droit se paye tous les vingt ans.

Baquet, ibid. chap. 15. Arrêt de 1751. suprà cit. art. 17.

V I I.

7. Les engagistes le doivent-ils ? Les roturiers, qui possédent, à titre d'engagement, des fiefs qui font partie du domaine du roi, sont exempts du droit de franc-fief.

Arrêt du conseil, du 13. Mai 1724. art. 7.

V I I I.

8. Quand se paye ce droit ? Le droit de franc-fief doit se

payer après l'an & jour de l'entrée en possession.

Arrêt de 1751. suprà cit. art. 19.

IX.

Dans le cas où la propriété & l'usufruit appartiennent à deux différens particuliers, le seul usufruitier, s'il est roturier, doit payer le franc-fief.

Même arrêt, art. 20.

9. *Quid*, lorsque la propriété & l'usufruit d'un fief appartiennent à deux différens particuliers ?

CHAPITRE IV.

Du Franc-Aleu.

12. *Où a lieu la maxime :* Nulle terre sans seigneur.

I.

LE franc-aleu est un héritage franc & libre de tout devoir, d'hommage & de directe, non de justice. *Ubique.*

1. Ce que c'est que le franc-aleu ?

I I.

Il y a deux sortes de franc-aleu : le noble & le roturier.

2. Combien y en a-t-il de sortes ?

I I I.

Le franc-aleu noble est celui auquel il y a justice annexée, ou fief & censive tenue de lui.

3. Qu'est-ce que le franc-aleu noble ?

I V.

Le franc-aleu roturier est celui qui n'a ni justice, ni fief, ni censive sous lui.

4. Qu'est-ce que le roturier ?

V.

Le franc-aleu noble se partage comme le fief avec préciput & droit d'ainesse, le roturier se partage également.

5. Comment se partage le franc-aleu ?

Duplessis, sur Paris, du franc-aleu, livre. 1.

V I.

6. La Justice peut-elle être tenue en franc-aleu ?

Il n'y a point en France de justice allodiale, parce que toutes les justices du royaume sont émanées du roi & font une partie de sa souveraineté ; & tout possesseur de franc-aleu est sujet à la jurisdiction du seigneur, dans le territoire duquel sa terre est située.

Baquet, des droits de justice, chap. 4. n. 8. Loisel, liv. 2. tit. 1. regl. 19. Duplessis, suprà cit.

V I I.

7. Le propriétaire d'un fief, qui acquiert un franc-aleu, réunit-il ?

Le propriétaire d'un fief, qui acquiert un franc-aleu, noble ou roturier, ne réunit point dans les coutumes qui admettent le franc-aleu sans titre, parce que ce franc-aleu ne peut être censé avoir fait partie du fief de l'acquéreur, à moins qu'il ne le comprenne dans son dénombrement comme plein fief ; à l'égard des coutumes qui rejettent le franc-aleu sans titre, pour réunir, il faut que l'acqué-

reur justifie de la conceffion faite
par lui, ou fes auteurs.

Guyot, des fiefs, tom. 1. *de la réunion, chap.* 4. *n.* 8.

V I I I.

Le franc-aleu eft fujet au droit
de déshérence, bâtardife & confifcation au profit du feigneur
haut-jufticier.

8. Le franc-
aleu eft-il fu-
jet au droit
de déshéren-
ce ? &c.

Dupleffis, fuprà cit.

I X.

Si le feigneur eft fondé en
droit univerfel de territoire, circonfcrit, continu & limité, il
peut foutenir que les héritages
qui y font renfermés relévent de
lui, & font fujets à fa cenfive,
quand même il n'auroit point de
titre ni de reconnoiffance particulière ; c'eft aux poffeffeurs à juf-
tifier le franc-aleu par titres.

9. Du droit
d'enclave.

Dumoulin, §. 68. *gl.* 1. *n.* 6. *Au-
ʒanet, fur Paris, art.* 124. *Le Grand,
fur Troyes, art.* 51. *Loyfeau, des feigneuries, chap.* 12. *n.* 15. *Brodeau,
fur Louet, lettre* C. *fom.* 21.

X.

10 Qelles font les coutumes allodiales ?

Dans les coutumes allodiales, comme Troyes, art. 51. Chaumont, 62. Auxerre, 23. Nivernois, chap. 7. art. 1. Saint Mihiel, tit. 10. art. 7. Metz, tit. 3. art. 16. Bar, 52. &c. celui qui se prétend seigneur féodal ou censuel, doit le prouver par titres.

Lalande, sur Orléans, 255.

X I.

11. Celles où le franc-aleu est contesté.

Dans les coutumes de Vitry, Berry & Bourbonnois, le franc-aleu est contesté.

X I I.

12. On a lieu la maxime, *Nulle terre sans seigneur.*

Hors les coutumes allodiales, on y suit la maxime : *Nulle terre sans seigneur* ; & c'est à celui qui prétend sa terre franche, à le prouver.

Brodeau sur Louet, lettre C. som. 21. n. 12. Coquille, sur Nivernois, tit. des cens, art. 1. Pallu, sur Tours, 145.

CHAPITRE

CHAPITRE V.

Des Fiefs.

1. *Définition du fief.*
2. *Son origine.*
3. *Quand les fiefs sont-ils deve-nus héréditaires ?*
4. *Pourquoi ils le sont devenus.*
5. *En quoi consiste le fief ?*
6. *Comment il se forme.*
7. *Comment il se divise.*
8. *Qu'est-ce que le fief corporel ?*
9. *Qu'entend-on par domaine utile ?*
10. *Quid, par domaine direct ?*
11. *Qu'est-ce que le fief incorpo-rel ?*
12. *Comment se divise le fief incor-porel ?*
13. *Qu'est-ce que le continu ?*
14. *Qu'est-ce que le fief volant ?*
15. *Combien d'espèces de fiefs ?*

16. Qu'eſt-ce que le ſuzérain ?

17. Qu'eſt-ce que le dominant ?

18. Qu'eſt-ce que le ſervant ?

19. Fief & juſtice n'ont rien de commun.

20. De qui relèvent les fiefs titrés ?

I.

1. Définition du fief.

LE fief, tel qu'il eſt connu ordinairement, eſt la conceſſion gracieuſe, libre & perpétuelle d'un héritage ou d'un droit réel, incorporel, perpétuel, qui équipole à un immeuble, avec tranſlation du domaine utile, la propriété retenue par le concédant, ſous la charge de fidélité & de ſervice, & de quelque droit.

Molinæus, tit. de feud. n. 114. §. 1. gl. 5. n. 1.

I I.

2. Son origine.

La plupart des hiſtoriens attribuent l'origine des fiefs à la diſtribution que fit Clovis à ſes capitaines, aux uns d'une province sous le titre de duché, aux autres de grands territoires sous le titre de comté, aux autres des villes & châteaux sous le titre de châtelains, le tout à la charge de servir en guerre, & de rendre la justice au nom du roi : ces capitaines donnèrent à leurs soldats des portions de terrain à mêmes charges envers eux.

Voyez le chap. 1. *servant d'introduction. Loyseau, chap.* 1. *n.* 66. *des seigneurs.*

I I I.

Ces concessions n'étoient d'abord que pour un temps, elles devinrent ensuite à vie, enfin Hugues Capet en confirma l'hérédité.

Loyseau, chap. 5. *n.* 37.

I V.

Les fiefs sont devenus héréditaires, parce qu'il a fallu que la noblesse eût une certaine consistance pour que le propriétaire du

C ij

fief fût en état de fervir le prince.
Efprit des loix, liv. 6. chap. 1.

V.

5. En quoi confifte le fief ?

Le fief, comme fief, confifte dans la foi ; elle eft fa forme effentielle.

Molin. fuprà cit. n. 115.

V I.

6. Comment il fe forme.

Le fief fe forme d'abord par la volonté du concédant , qui concède, comme il lui plaît, un ou plufieurs héritages fous les conditions qu'il veut , enfuite par l'acceptation de celui qui reçoit ; & ce confentement réciproque une fois prêté , forme un fief , un contrat féodal , tellement fy- nallagmatique , que l'un fans le confentement de l'autre , ne peut les changer , augmenter , dimi- nuer , divifer en plufieurs parties diftinctes , à l'effet d'un d'en faire plufieurs fubfiftans *per fe* , indé- pendans les uns des autres , fi

la coutume ne le permet tex‑
tuellement.

Molin. suprà cit. n. 30. & 31. D'Argentré, sur l'ancienne coutume de Bretagne, §. 329.

V I I.

En général, le fief se divise en fief corporel & en fief incor‑ porel.

7. Comment il se divise.

V I I I.

Le corporel est ordinairement celui qui est composé d'un do‑ maine utile & d'un domaine direct.

8. Qu'est-ce que le fief corporel?

I X.

Le domaine utile est composé de fonds de terre, maisons ou héritages, dont le seigneur jouit par lui-même ou par son fermier.

9. Qu'entend-on par domaine uti‑ le?

X.

Par domaine direct on entend les sous-fiefs, c'est-à-dire, les fiefs mouvans du fief, les cen‑ sives & autres devoirs retenus

10. *Quid*, par domaine direct?

fur les héritages dont le feigneur s'eft joué.

X I.

11. Qu'eft-ce que le fief incorporel ? Le fief incorporel ou le fief en l'air, confifte en mouvances & cenfives, ou en mouvances feules, ou en cenfives feules ; plus ordinairement en cenfives.

Voyez Guyot, des fiefs, fur toutes ces différentes définitions.

X I I.

12. Comment fe divife le fief incorporel ? Le fief incorporel fe divife en fief continu, & en fief volant.

Baquet, des francs-fiefs, chap. 2. n. 17.

X I I I.

13. Qu'eft-ce que le continu ? Le continu eft celui qui a un territoire circonfcrit & limité, dont les cenfives font tenantes l'une à l'autre ; ce fief jouit du privilége de l'enclave, comme le fief corporel qui a un territoire circonfcrit & limité ; il faut des titres peremptoires pour évincer celui qui eft fondé en enclave.

Loyseau, des seigneuries, chap. 12. *n.* 50. *&* 51.

XIV.

Le fief volant est celui dont les mouvances & censives sont éparses.

Baquet, suprà cit.

XV.

Les fiefs se divisent en trois espèces ; le fief suzérain, le fief dominant, & le fief servant.

XVI.

Le seigneur suzérain est celui de qui relève le seigneur dominant.

XVII.

Le dominant est celui qui domine immédiatement l'arrière-fief du suzérain.

XVIII.

Le fief servant est celui qui relève immédiatement d'un autre.

XIX.

Fief & justice n'ont rien de commun ; c'est-à-dire, que l'on peut posséder un fief, sans y avöir la justice, & *viciſſim* on peut avoir la justice sans être propriétaire des fiefs qui y sont situés.

Ubique.

X X.

20. De qui relèvent les fiefs titrés ? Les fiefs de dignité, tels que les duchés, principautés, marquisats, comtés & baronnies, relèvent de la couronne, & sont indivisibles.

Loyſeau, ſuprà cit. chap. 6. n. 7. & ſuiv.

CHAPITRE VI.

De la Foi & Hommage.

1. Qu'est-ce que la foi & hommage?
2. Quand est-elle due?
3. Où doit-elle se faire?
4. A qui est-elle due?
5. Quelle en est la forme?
6. Le vassal doit-il la faire en personne?
7. Comment la doit-il faire?
8. Quid, si le seigneur n'y est pas?
9. La douairière & l'usufruitier la doivent-ils?
10. Quid, quand le propriétaire refuse de la faire?
11. Quelles offres doit faire le vassal en faisant la foi?
12. Dans quel temps se doit faire la foi?

13. *Quand commence le délai, lorfque la mutation vient de la part
du feigneur ?* ·

14. *Le délai court-il contre les mineurs ?*

15. *La foi faite aux tuteurs &
maris, eft-elle valable ?*

16. *Le mari la peut-il faire pour fa
femme ?*

17. *Quid, s'il y a combat de fiefs ?*

18. *Quid, lorfqu'il y a plufieurs
héritiers ?*

19. *Quid, lorfqu'il y a plufieurs
feigneurs ?*

20. *L'abandon de biens, fait par
un débiteur à fes créanciers,
donne-t-il ouverture à la foi ?*

21. *La forme de faire la foi, eft-
elle différente pour les gens d'é-
glife ?*

22. *Quel eft l'âge requis pour faire
la foi ?*

23. *Que doit faire le tuteur, quand
ceux qui doivent la foi, font mineurs ?*

24. *Qu'entend-on par fouffrance?*
25. *Dans quel cas fe demande-t-elle ?*
26. *Quid, quand le temps de la fouffrance eft expiré ?*
27. *Meffieurs du parlement doivent-ils faire la foi en perfonne?*

I.

LA foi eft hommage eft la promeffe que fait le vaffal d'être fidèle au fervice qu'il doit à fon dominant.

1. Qu'eft-ce que la foi & hommage?

D'Argentré, §. 320. *de la coutume de Bretagne.*

I I.

La foi eft due toutes les fois que la propriété d'un fief change d'une main à une autre, foit que ce foit le fief dominant qui change, foit que la mutation arrive de la part du vaffal.

2. Quand eft-elle due?

Guyot, des fiefs, de la foi & hommage, tome 4. chap. 2. n. 1.

I I I.

La foi doit être rendue au prin-

3. Où doit-elle fe faire?

cipal manoir du fief dominant d'où relèvent les fiefs.

Id. chap. 4. *n.* 7.

I V.

4. A qui est-elle due ?

La foi n'est due qu'au propriétaire du fief dominant, ou à celui qui est en possession paisible, soit laïc, soit bénéficier titulaire, ou communauté régulière & séculière.

Ibid. n. 1.

V.

5. Quelle en est la forme ?

Comme la plupart des coutumes ont des dispositions particulières sur la forme de la foi & hommage, il faut recourir au texte de la coutume de la situation du fief dominant.

V I.

6. Le vassal doit il la faire en personne ?

La foi & hommage étant un devoir personnel, elle doit se faire en personne : le vassal est quelquefois autorisé à la faire par pro-

cureur ; cela dépend de la coutume.

Id. chap. 3. n. 9.

V I I.

Le vassal doit être nue tête, & un genouil en terre, & sans épée ni éperons.

7. Comment la doit-il faire ?

Duplessis, sur Paris, liv. 1. chap. 2.

V I I I.

Si le seigneur n'est point chez lui, ni personne pour lui, le vassal doit, après s'être informé s'il y est, faire la foi au devant de la porte du manoir, ou sur le lieu accoutumé dans ce cas. Les notaires qui l'accompagnent, doivent dresser un procès verbal, dont on laissera copie ou au procureur fiscal, ou au fermier, ou autre, suivant la coutume.

8. *Quid*, si le seigneur n'y est pas ?

Duplessis, ibid.

I X.

En général, la douairière & l'usufruitier ne doivent point la foi ; parce qu'elle est due par le

9. La douairière & l'usufruitier la doivent-ils ?

propriétaire feul, s'il n'y a coutume au contraire.

Guyot, fuprà cit. ch. 3. n. 4. & 22.

X.

10. *Quid*; quand le propriétaire refuſe de la faire?

La douairière & l'uſufruitier, pour couvrir la perte des fruits qui feroit encourue par le refus du propriétaire de faire la foi, peuvent ſe faire autoriſer en juſtice à la faire.

Ibid. n. 23.

X I.

11. Quelles offres doit faire le vaſſal en faiſant la foi?

En faiſant la foi, le nouveau vaſſal doit faire offres des droits dus pour la mutation, s'il en eſt dû : il n'eſt pas néceſſaire que ces offres ſoient réelles, ſi la coutume ne le dit, & ſi le ſeigneur n'y eſt point préſent. Il faut que dans l'acte de foi il faſſe mention de la mutation & de ſa nature : ſi c'eſt par achat, il faut en exhiber le titre, & en laiſſer copie bien liſible.

Id. chap. 5. n. 2.

X I I.

Le temps ordinaire & général, marqué par les coutumes, est que dans les mutations, le vassal doit venir dans les quarante jours; faute de quoi, le seigneur peut saisir féodalement, & faire les fruits siens.

Id. chap. 2. n. 2.

12. Dans quel temps se doit faire la foi ?

X I I I.

Quand il y a mutation de la part du seigneur, le délai de quarante jours ne court que du jour de la proclamation de la nouvelle venue du seigneur, ce jour non compris, ni celui de l'échéance.

Ibid.

13. Quand commence le délai, lorsque la mutation vient de la part du seigneur ?

X I V.

Le délai de quarante jours court contre les mineurs, comme contre les majeurs, sauf le recours des mineurs contre les tuteurs qui n'ont pas demandé souffrance, & qui ont laissé courir une perte de fruits.

Id. n. 5.

14. Le délai court-il contre les mineurs ?

X V.

15. La foi faite aux tuteurs & maris, est-elle valable?

La foi faite aux gardiens ou tuteurs, ou au mari qui jouit des fiefs propres de sa femme, est valablement faite ; mais si elle est séparée de biens, avec jouissance à part, c'est à elle qu'on doit la faire : de même un mineur de vingt-cinq ans, mais majeur de majorité féodale, peut recevoir la foi.

Id. chap. 4. *n.* 5.

X V I.

16. Le mari la peut-il faire pour sa femme ?

Le mari est capable de faire la foi pour les fiefs propres de sa femme ; le seigneur ne peut la refuser.

Id. chap. 3. *n.* 7.

X V I I.

17. *Quid*, s'il y a combat de fiefs ?

S'il y a combat de fiefs entre plusieurs seigneurs dominans, le vassal doit se faire recevoir par main souveraine, en obtenant en chancellerie des lettres de main souveraine, & consigner les droits,

s'il

s'il en est dû , quand même il les auroit payés à l'un des con-tendans.

Id. chap. 4. *n.* 6.

XVIII.

S'il y a plusieurs héritiers , cha-cun doit la foi personnellement pour sa portion , divise ou indi-vise , à moins que la coutume n'autorise l'aîné à la faire pour tous.

Molin. §. *hodiè.* 3. *gl.* 4. *n.* 25. 28, & 29.

XIX.

Quand il y a plusieurs seigneurs propriétaires du fief dominant , la foi faite à l'un vaut pour tous : mais il faut qu'il soit dit nommé-ment dans l'acte , que l'on l'a faite à tous , & qu'ils y soient tous nommés.

Dupleffis , suprà cit. chap. 2.

XX.

L'abandon , ou cession de biens, faite par un débiteur à ses créan-

D

débiteur à ſes créanciers, donne-t-il ouverture à la foi ?

ciers , ne forme aucune mutation ; parce que les créanciers ne ſont que des régiſſeurs : ils ſont fondés de procuration pour vendre , le débiteur étant ſeulement dépoſſédé , ſans être exproprié.

Guyot , *chap. 2. n. 10.*

X X I.

21. La forme de faire la foi eſt-elle différente pour les gens d'égliſe.

La forme de faire la foi pour les gens d'égliſe , n'eſt point différente nonobſtant la dignité de leur caractère , qui ſembleroit les exempter de l'abaiſſement de génuflexion envers un laïc ; parce qu'ils ſont ſujets comme les autres au droit commun , pour ce qui concerne les choſes temporelles.

Dupleſſis , *ſuprà cit. chap. 2.*

X X I I.

22. Quel eſt l'âge requis pour faire la foi ?

Il faut être majeur de majorité féodale , pour faire & recevoir la foi : l'âge eſt diſtingué pour les mâles & les femelles. Il faut suivre là-dessus la disposition de la coutume.

Guyot, de la souffrance, n. 2.

X X I I I.

Le tuteur doit demander souf-france, & déclarer les noms & âges de ses mineurs ; le seigneur doit l'accorder, s'il ne veut rece-voir le tuteur à la foi pour ses mi-neurs : auquel cas, les mineurs venus en âge, ne sont point obligés de la réitérer ; parce que la foi faite & reçue par procu-reur, est censée faite par le vassal même. Poitou, art. 117. & An-goumois, 28. veulent que les mi-neurs venus en âge, la réitèrent.

Guyot, suprà cit. Dupleffis *, liv.* 4, *chap.* 4.

23. Que doit faire le tuteur, quand ceux qui doivent la foi, sont mineurs?

X X I V.

La souffrance est un délai ac-cordé par le seigneur pour venir à la foi ; elle vaut foi tant qu'elle dure : mais il faut payer les pro-

24. Qu'entend-on par souffrance?

fits , ou autres droits dus , en demandant souffrance.

Molin. §. 27. hodiè. 42. n. 1.

X X V.

25. Dans quel cas se demande-t-elle ?

La souffrance doit être demandée & s'accorde ordinairement en deux cas : la premiere pour cause de minorité féodale, la seconde pour excuse suffisante & légitime.

Duplessis, chap. 3.

X X V I.

26. *Quid*, quand le temps de la souffrance est expiré ?

Quand le temps de la souffrance est expiré, le fief est ouvert , & le seigneur peut alors saisir , & les fruits courent en perte.

Guyot, suprà cit.

X X V I I.

27. Messieurs du parlement doivent-ils faire la foi en personne ?

Messieurs du parlement sont dispensés , à cause de leur service, de faire la foi en personne, à moins que le seigneur ne veuille attendre les vacations ; auquel cas, ils y sont tenus.

Arrêt du 15. Mars 1577. rapporté par le commentateur de la coutume de Paris, sur l'article 67. Autres du 14. Décembre 1700. & 25. Juin 1604. rapportés par Louet, lettre F. somm. 8.

CHAPITRE VII.

De l'Aveu & Dénombrement.

1. *Qu'est-ce que l'aveu & dénombrement ?*
2. *Quelle en est la forme ?*
3. *Que doit-il contenir ?*
4. *Quel en est l'objet ?*
5. *Quel est son effet ?*
6. *Quelles formalités sont nécessaires pour le rendre autentique ?*
7. *Le seigneur est-il garant de tout ce qui est porté dans le dénombrement de son vassal ?*
8. *Le vassal est-il tenu d'en donner plusieurs pendant sa vie ?*
9. Quid, *lorsqu'il y a plusieurs vassaux ?*
10. Quid, *lorsqu'il y a plusieurs seigneurs ?*
11. Quid, *lorsque le vassal tient*

plusieurs fiefs du même seigneur ?

12. Quelle coutume faut-il suivre pour la forme du dénombrement ?

13. Qui peut donner & recevoir un dénombrement ?

14. *Dans quel temps doit-il être présenté ?*

15. Quand doit-il être blâmé ?

16. Comment doit-être fourni le blâme ?

17. Que doit-il contenir ?

18. Le seigneur est-il obligé de prouver son blâme ?

19. Quid, *lorsque le blâme n'est pas donné dans le temps prescrit ?*

I.

L'Aveu & dénombrement est un acte qui contient le détau du fief & justice, s'il y en a une annexée au fief dont on a fait la foi.

Molin. §. hodiè. 8. in verbo Dénombrement, *n.* 1.

I I.

2. Quelle en est la forme?

Le dénombrement doit être donné en forme probante & autentique, c'est-à-dire en parchemin , pardevant Notaires , ligné du vassal & scellé de ses armes ; il ne s'en fait point de minutes, comme des déclarations censuelles : on en fait deux doubles ; l'un pour le seigneur, qui le garde, l'autre pour le vassal ; & sur l'un & sur l'autre le seigneur doit faire mettre la réception.

Baquet , des droits de justice , chap. 34. *n.* 12.

I I I.

Que doit-il contenir?

Il doit contenir, 1°. la justice, ce qu'elle est, si elle est haute, moyenne ou basse, & sur quoi elle s'étend.

2°. Le principal manoir, s'il y en a un, avec ses dépendances ; le colombier à pied, s'il y en a.

3°

3°. Les pressoirs & moulins bannaux & non bannaux, le four bannal, s'il y en a.

4°. Les domaines que le vassal tient par ses mains ou par son fermier, leur situation, leur nature, leur quantité par aspects du soleil.

5°. Les fiefs tenus du vassal, par les noms des possesseurs, leur village, leur paroisse, & en gros leur continence, les services & les droits qu'ils doivent, sans entrer dans le détail.

6°. Les héritages tenus en censive, les noms des possesseurs, la nature, qualité & quotité de la censive, la nature & qualité des héritages, leurs tenans & aboutissans par aspects du soleil.

7°. Les servitudes actives & passives du fief, en un mot, tout ce que contient le fief vassal.

Molin. suprà cit. §. 44. hodiè. 10. n. 10.

E

I V.

4. Quel en est l'objet ?

L'objet du dénombrement est afin que le seigneur sache ce qui lui appartient, & ce qui est à son vassal.

Id. hodié. 8.

V.

5. Quel est son effet ?

Un dénombrement, quand il est reçu, fait foi entre le seigneur & son vassal, & leurs héritiers ou ayans cause ; mais.contre des tiers, il ne prouve autre chose sinon que tel droit y est employé; il peut bien commencer une prescription contre un seigneur, si on continue une possession capable de l'acquérir.

Id. n. 8. & seq.

V I.

6. Quelles formalités sont nécessaires pour le rendre autenthique ?

Pour rendre le dénombrement authentique & capable. de faire foi, même de commencer des prescriptions contre des tiers, il doit être vérifié sur les lieux & publié dans la paroisse , même

dans les paroisses voisines & limitrophes ; mais cette vérification
n'est que pour les aveux rendus
au roi , & n'a pas lieu pour ceux
rendus aux seigneurs , à moins
que la coutume ne l'ordonne.

*Guyot, des fiefs, tom. 5. chap. 4.
n. 1. & suiv. des aveux & dénombremens.*

V I I.

Le seigneur est garant de tout
ce qui est dans le dénombrement
de son vassal quand il l'a reçu ;
c'est-à-dire , qu'il doit en faire
jouir son vassal , prendre son fait
& cause contre un autre seigneur :
néanmoins il est quitte de cette
garantie , s'il veut abandonner
la mouvance des choses conten-
tieuses , & rendre les droits , s'il
en a reçus.

7. Le sei-
gneur est-il
garant de
tout ce qui
est porté dans
le dénombre-
ment de son
vassal ?

Molin. suprà cit. hodiè. 10. n. 23.

V I I I.

Le dénombrement ne se donne
par le vassal qu'une fois en sa vie,

8. Le vas-
sal est-il tenu
d'en donner

plufieurs pen-
dant fa vie ? s'il n'y a coutume au contraire. *Ibid. n.* 3.

I X.

9. *Quid,*
lorſqu'il y a
plufieurs vaſ-
ſaux ? Si le même fief eſt tenu par plufieurs par indivis, ils doivent tous enſemble donner un dénombrement ; s'ils le poſſèdent diviſément, ils doivent en donner un, chacun pour leurs portions.

Guyot, ſuprà cit. chap. 6. *n.* 5. *& ſuiv.*

X.

10. *Quid,*
lorſqu'il y a
plufieurs ſei-
gneurs ? S'il y a plufieurs coſeigneurs dominans, un ſeul dénombrement ſuffit pour eux tous, en le donnant, ou à l'aîné, ou à celui qui eſt en tour d'année pour recevoir les hommages & droits : mais il faut que tous les coſeigneurs ſoient nommés.

Ibid.

X I.

11. *Quid,*
lorſque le
vaſſal tient
plufieurs fiefs Si un vaſſal poſsède plufieurs fiefs mouvans du même ſeigneur, mais diſtincts les uns des autres,

régulièrement il doit un dénombrement pour chaque fief ; cependant l'usage admet un seul dénombrement pour tous les fiefs, en y distinguant chaque fief.

Ibid.

X I I.

Pour la forme, la présentation, réception ou blâme de l'aveu, il faut suivre la coutume du fief dominant.

Ibid. chap. 4. n. 3.

X I I I.

Il faut être propriétaire ou possesseur paisible du fief, pour donner & recevoir un dénombrement ; de-là l'engagiste n'en doit point, (excepté en Bourgogne où il en doit) il donne seulement une déclaration de son engagement. Les usufruitiers & les douairières n'en donnent ni n'en reçoivent non plus, s'il n'y a titre ou coutume au contraire.

Id. chap. 6. n. 1. & suiv.

E iij

du même seigneur ?

12. Quelle coutume faut-il suivre pour la forme du dénombrement ?

13. Qui peut donner & recevoir un dénombrement ?

XIV.

14. Dans quel temps doit-il être présenté ?

Dans le général des coutumes, il doit être présenté dans les quarante jours, après la réception en foi, ou offres de foi duement faites ; à faute de quoi, le seigneur peut saisir le fief, faute de dénombrement.

XV.

15. Quand doit-il être blâmé ?

Le seigneur ou ses officiers doivent donner leur récépissé du dénombrement ; & en général, il doit être blâmé dans les quarante jours suivans ; sinon il est tenu pour reçu, s'il n'y a coutume au contraire, comme Maine, art. 152. Bretagne, 361. *Id. chap. 4. n. 6.*

XVI.

16. Comment doit être fourni le blâme ?

Le blâme contre un dénombrement ou une déclaration censuelle, doit être fourni articles par articles ; un blâme général ne seroit pas recevable. *Molin. sur l'art. 44. de **Paris**, hodiè. 10. n. 11.*

X V I I.

On admet ordinairement sept sortes de blâmes.

17. Que doit-il contenir ?

1°. Si le vassal a employé un tel domaine, que le seigneur prétend n'être pas de ce fief, ou qu'il prétend lui appartenir.

2°. S'il a employé pour sous-fief ou héritages donnés à cens, ce que le seigneur prétend être fonds-domaine du fief vassal.

3°. Si le vassal a pris dans son dénombrement une qualité que le seigneur prétend qu'il ne doit pas prendre, comme s'il avoit pris le nom du village où le fief est situé ; car il n'y a que le haut-justicier qui puisse prendre le nom du village.

4°. Si le vassal a omis de comprendre des héritages, cens, rentes ou autres droits, que le seigneur prétend devoir être compris.

5°. S'il a omis de comprendre quelque sous-fief.

E iv

6°. Si on n'a pas compris des droits actifs, servitudes ou autres.

7°. Si on n'a pas désigné les héritages par leur situation, tenans & aboutissans : en un mot, le blâme peut tomber sur tout ce que le seigneur prétend devoir être ajouté ou diminué au dénombrement, sauf à juger si le blâme est bien fondé.

Molin. suprà cit. ibid.

XVIII.

18. Le seigneur est-il obligé de prouver son blâme ?

Le blâme constitue le seigneur demandeur ; & en cas de dénégation, c'est à lui à faire la preuve.

Duplessis, sur Paris, des fiefs, liv. 2. chap. 3. sur l'art. 10.

XIX.

19. Quid, lorsque le blâme n'est pas donné dans le temps prescrit ?

Faute de blâmer le dénombrement dans le délai donné par les coutumes, il est tenu pour reçu ; mais il faut pour cela que le vassal ait été ou envoyé chercher, par un fondé de procuration, accompagné de notaire & de témoins, le blâme; & il faut un acte qui constate, ou qu'il est reçu, ou que le seigneur n'avoit point de blâme à fournir.

Guyot, chap. 4. *n.* 12. *Duplessis, suprà cit. liv.* 2. *chap.* 3.

CHAPITRE VIII.

Du Droit de Relief.

1. *Qu'est-ce que le relief ?*
2. *En quoi consiste-t-il ?*
3. *Quand est-il dû ?*
4. *Coutumes d'exception.*
5. *Le relief est-il dû du jour de l'ouverture du fief ?*
6. *De quel jour court-il ?*
7. *Quid, lorsque le seigneur opte une année du revenu en essence ?*
8. *Dans ce cas, il n'a qu'une récolte de chaque espèce de fruits.*
9. *Il doit jouir en bon père de famille.*
10. *Ne peut point transporter les pailles.*
11. *Ni couper les bois de haute futaie.*
12. *A les profits des arrière-fiefs.*

13. *Doit acquitter les charges du fief pendant l'année ?*

14. *Quid, lorsque le fief est affermé ?*

15. *Quid, lorsque le fief ne consiste que dans une maison ?*

16. *Quid, lorsqu'il y arrive plusieurs mutations dans une même année ?*

17. *Le douaire & l'usufruit sont-ils un obstacle au relief ?*

18. *Le haut-justicier qui succède par confiscation, doit-il relief ?*

19. *Le relief est-il dû pour donation ?*

20. *Est-il dû pour démission de biens ?*

21. *Est-il dû pour substitution ?*

22. *Un curateur à succession vacante le doit-il ?*

23. *Le relief est-il dû pour bail emphytéotique ?*

I.

LE relief dans son origine est le droit substitué à l'ancienne réversion des fiefs au profit des

1. Qu'est-ce que le relief ?

feigneurs, dans les temps qu'ils n'étoient qu'à vie, ou à certaines générations.

Guyot, des fiefs, tom. 2. du relief, chap. 1. n. 3.

I I.

2. En quoi confifte-t-il?

Le relief eft ordinairement le revenu d'un an en effence, ou le dire de prud'hommes, ou une fomme d'argent offerte par le vaffal ; le tout au choix du feigneur.

I I I.

3. Quand eft-il dû.

Ce droit eft dû dans les coutumes qui l'admettent, toutes les fois que la propriété du fief change de main ; excepté quand la mutation fe fait par vente, ou qu'elle fe fait en directe, comme du père au fils, &c.

Guyot, fuprà cit. chap. 3. n. 1.

I V.

4. Coutumes d'exception.

Le Vexin & le Poitou, & quelques autres coutumes admettent le relief à toutes mutations,

sans différencier les lignes , en
forte que dans ces coutumes il
est dû , tant en directe qu'en collatérale.

V.

L'ouverture du fief donne le
droit de relief qui appartient au
seigneur ou au fermier , lors de
l'ouverture.

Guyot , ibid. Brodeau , sur Louet ,
lettre R . s. 2.

5. Le relief
est-il dû du
jour de l'ou-
verture du
fief ?

V I.

Le relief court du jour de la
foi , & offres valablement faites.

Guyot , chap. 1 5. *n.* 1. *Dupleffis ,*
chap. 2. *liv.* 4.

6. De quel
jour court-il ?

V I I.

Si le seigneur opte le revenu
d'un an en essence , il faut que
le vassal lui communique ses pa-
piers de recette , lui livre tous
les bâtimens de la ferme , un
logement dans le manoir , sans

7. Quid ,
lorsque le sei-
gneur opte
une année du
revenu en
essence ?

pour cela fe déloger, lui ni fa famille.

Guyot, chap. 13. *n.* 3. *chap.* 15. *n.*
7. *Dupleſſis, ſuprà cit. chap.* 2. *&* 3.

V I I I.

8. Dans ce cas, il n'a qu'une ré-colte de cha-que eſpèce de fruits.

Le ſeigneur n'a qu'une récolte de chaque eſpèce de fruits ; il n'a qu'une feuille des bois , qui s'eſtime, s'ils ne ſont pas en cou-pe ; il n'a qu'une année de la pê-che des étangs, qui s'eſtime auſſi.

Dupleſſis & Guyot , ſuprà cit.

I X.

9. Il doit jouir en bon pere de fa-mille.

Le ſeigneur doit jouir en bon père de famille , & comme le vaſſal.

Ubique.

X.

10. Ne peut point tranf-porter les pailles.

Le ſeigneur qui jouit du relief en eſſence , ne peut tranſporter les pailles.

Guyot, chap. 15. *n.* 1. *Le Grand, ſur Troyes,* 26. *gl.* 2.

X I.

11. Ni cou-per les bois de haute fuaie.

Le ſeigneur ne peut , pendant

l'an du relief, couper les bois de haute futaie qui ne tombent point dans les fruits. Si le vassal y prend son chauffage, le seigneur le peut de même.

Orléans, 74. Ricard, sur Paris, 48.

X I I.

Il a les profits des arrière-fiefs qui s'ouvrent dans l'an du relief, & il les a en entier.

Duplessis & Guyot, suprà cit.

12. A les profits des arrière-fiefs.

X I I I.

Le seigneur qui jouit d'une année de revenu du fief, par droit de relief, doit acquitter les charges établies sur ce fief; mais il n'est tenu que de celles qu'il a inféodées, c'est-à-dire, qu'il a reconnues, ou qui lui ont été rapportées dans les différens dénombremens qu'il a reçus.

Guyot, chap. 14. n. 1.

13. Doit acquitter les charges du fief pendant l'année.

X I V.

Si le fief est affermé de bonne foi, le seigneur doit se conten-

14. *Quid*, lorsque le fief est affermé?

ter de la redevance pendant fon année, parce qu'il doit jouir comme le vaffal auroit joui ; s'il y avoit fraude, il feroit admis à la prouver : le tout s'il n'y a coutume au contraire.

Guyot, chap. 14. *n.* 2. *Dupleffis, chap.* 3.

X V.

15. *Quid,* lorfque le fief ne confifte que dans une maifon ?

Quand le fief ne confifte qu'en une feule maifon, qui eft occupée par le vaffal, il en doit le loyer au feigneur pour fon relief, au dire d'experts.

Dupleffis, fuprà cit.

X V I.

16. *Quid,* lorfqu'il y arrive plufieurs mutations dans une même année ?

Quelquefois il arrive plufieurs mutations dans une même année : alors il faut diftinguer fi elles arrivenr par un cas fortuit, comme mort ou mariage, ou fi elles font volontaires : dans le premier cas, le fecond relief fe confond avec le premier ; dans le fecond, il n'y a pas de confufion, fusion, & il doit se payer de nouveau.

Molin. §. 22. hodiè. 33. gl. 1. quæst. 38. n. 113. Brodeau, sur Louet, lettre R. s. 2.

X V I I.

Le douaire ni l'usufruit n'empêchent pas la levée du relief, sauf le recours de la douairière ou de l'usufruitier contre les héritiers.

17. Le douaire & l'usufruit sont-ils un obstacle au relief?

Guyot, chap. 25. n. 32.

X V I I I.

Le haut-justicier qui succède, soit par confiscation, déshérence ou tout autre droit de justice, s'il n'est pas en même temps seigneur féodal du fief qui lui advient, doit la foi & le relief; parce que c'est une succession: mais il ne les doit qu'autant qu'il le gardera, & il doit avoir un an pour délibérer.

18. Le haut-justicier qui succède par confiscation, doit-il relief?

Melun, 76. Orléans, 21. Loyseau, des seigneuries, chap. 12. n. 85. & 86. Guyot, chap. 8. n. 2.

X I X.

19. Le re-
lief est-il dû
pour dona-
tion?

Toutes donations qui ne sont point à titre onéreux, doivent relief toutes les fois que le donataire en auroit dû ce droit, en succédant *ab inteſtat*.

Guyot, ſect. 4. chap. 4. n. 3.

X X.

20. Eſt-il dû
pour démiſ-
ſion de biens?

Le relief eſt dû en démiſſion de biens, quoiqu'elle ſoit à toujours révocable de la part du démettant juſqu'à ſa mort; ce qui doit s'entendre pour la collatérale. Suivant ce que l'on a obſervé ci-deſſus, le ſeigneur qui l'auroit reçu ne ſeroit tenu de le reſtituer, qu'autant que la révocation arriveroit dans l'an de la démiſſion; parce qu'il n'y auroit pas eu de jouiſſance utile & ſuffiſante, pour produire un relief qui eſt toujours le revenu d'un an.

Guyot, chap. 4. n. 6.

X X I.

21. Eſt-il dû.

Pour connoître s'il eſt dû relief, lors de l'ouverture d'une subſtitution au profit de quelqu'un, il faut toujours regarder le dernier poſſeſſeur : ſi ce dernier poſſeſſeur eſt l'aſcendant de l'appellé à la ſubſtitution, il n'eſt point dû de droits, excepté dans les coutumes qui ont une diſpoſition contraire : s'il eſt collatéral, le relief eſt dû.

Guyot, ibid. ſeƈt. 7. n. 8. qui rapporte un arrêt de réglement du 20. Août 1727, rendu ſur les concluſions de M. Dagueſſeau.

pour subſti-tution ?

X X I I.

Un curateur créé à une ſucceſſion vacante, doit relief pour ſa création.

Arrêt du 5. Juin 1736. rapporté par Guyot, ſuprà cit. chap. 4. ſeƈt. 6. n. 3. qui eſt d'un ſentiment contraire.

22. Un curateur à ſucceſſion vacante le doit-il ?

X X I I I.

Le relief eſt dû pour bail à rente foncière ou emphythéoti-

23. Le relief est-il pour bail ou rente-foncière ou emphythéotiq. ?

que, s'il n'y a argent débourſé ; auquel cas eſt dû quint ou lods.

Guyot, tom. 3. des lods & ventes, chap. 8. n. 3.

CHAPITRE IX.

Du Quint & des Lods & Ventes.

1. *Qu'est-ce qui donne lieu aux droits de quint ou lods ?*

2. *Comment se règlent-ils ?*

3. *Quid , si le prix de la vente est trop foible ?*

4. *Qu'est-ce qui forme le prix ?*

5. *Les arrhes augmentent-elles le prix ?*

6. *Les droits sont-ils dus en vente faite pour l'utilité publique ?*

7. *Quels sont ceux qui sont exempts de ces droits ?*

8. *Le privilége a-t-il lieu pour le vendeur comme pour l'acquéreur ?*

9. *Les veuves des privilégiés jouissent-elles de l'exemption ?*

10. *Les droits sont-ils dus dans une vente à faculté de réméré ?*

11. *Tout acquéreur doit exhiber ſon contrat.*

12. *Eſt-il dû des droits pour un bail à rente rachetable ?*

13. *En eſt-il dû pour donation ?*

14. *En eſt-il dû pour vente de futaie ?*

15. *En eſt-il dû pour bail emphytéotique ?*

16. *En cas de réſolution de contrat, les droits ſont-ils dus ?*

17. *Sont-ils dus pour décret volontaire ?*

18. *Par qui les droits ſe payent-ils ?*

19. *A qui appartiennent-ils ?*

20. *En fait d'adjudication par décret, les frais ſont-ils partie du prix ?*

21. *Sont-ils dus pour partage entre cohéritiers ?*

22. *En eſt-il dû pour échanges ?*

23. *Qu'eſt-ce que le requint qui a lieu dans quelques coutumes ?*

I.

LOrsqu'un contrat parfait est vente ou sonnant vente, les droits de quint, si c'est un fief, de lods, si c'est une roture, sont dus & acquis au seigneur, soit dominant, soit censuel. Si au contraire l'acte n'est ni vente ni équipollent à vente, il n'est dû ni quint ni lods.

Guyot, des fiefs, tom. 3. du quint, chap. 1. n. 10.

1. Qu'est-ce qui donne lieu aux droits de quint ou lods ?

I I.

Les droits de quint ou de lods ne se payent point à raison de la valeur réelle de l'héritage : comme chacun est le maître de disposer de son bien, pour tel prix & sous telle condition qu'il veut, ces droits sont réglés sur le prix écrit au contrat, si le seigneur ne prouve une fraude manifeste.

Id. chap. 2. n. 1.

2. Comment se règlent-ils ?

I I I.

Si le seigneur trouve le prix

3. Quid, si le prix de

trop foible, ou au-deſſous de la valeur de l'héritage, alors, ſi c'eſt un fief vendu, il a le droit de retrait féodal; ſi c'eſt une roture, il a le retrait cenſuel, s'il a lieu dans la coutume; s'il ne veut pas exercer le retrait, il prend ſes droits ſur le pied du prix écrit.

Ibid.

I V.

En général, tout ce qui tourne au profit du vendeur, forme le prix.

Ibid. n. 4.

V.

Si les arrhes, pot de vin ou épingles ne ſont pas trop conſidérables, eu égard à la valeur du prix convenu, cela n'augmente pas les droits.

Ibid. n. 6.

V I.

Lorſque l'on achéte pour l'utilité publique quelque héritage,

comme

comme des maisons pour l'orne-ment ou la plus grande commodité d'une ville, il n'en est pas dû de lods & ventes, parce que l'intérêt public doit l'emporter sur l'intérêt particulier des seigneurs : mais dans ce cas, il leur faut payer une indemnité pour la perte de leur directe, sur un terrein que l'on met hors du commerce. Cette indemnité doit être, & des profits casuels, & du fond de la censive, que le seigneur perd à jamais en ce cas.

Ibid. chap. 13. *Lalande, sur Or-léans,* 15.

pour l'utilité publique ?

VII.

Les chevaliers de l'ordre du Saint-Esprit, les secretaires du roi, MM. du parlement de Paris, les maîtres des requêtes & la chambre des comptes, sont exempts de droits seigneuriaux, pour les acquisitions qu'ils font

7. Quels sont ceux qui sont exempts de ces droits.

G

dans la mouvance des seigneurs particuliers.

Edit du mois de Janvier 1645. Duplessis, infrà cit. chap. 1.

V I I I.

8. Le privilége a-t-il lieu pour le vendeur comme pour l'acquéreur ?

Ces priviléges dont jouissent encore d'autres cours, à qui il a plu au roi de les accorder, ont lieu, tant en vendant qu'en achetant, sans distinction des coutumes qui chargent le vendeur où l'acquéreur.

Arrêt du 30 Avril 1736. confirmatif d'une sentence de la chambre du domaine de Paris, du 23. Juillet 1735. en faveur de M. Le Pelletier, alors président à mortier.

I X.

9. Les veuves des privilégiés jouissent-elles de l'exemption ?

Les veuves des privilégiés jouissent des mêmes priviléges.

Lettres patentes du 16. Novembre 1723. & 18. Juillet 1725.

X.

10. Les droits font-ils dus dans une ven[illegible] te à r[illegible] de r[illegible] ?

On tient que dans une vente à faculté de réméré, les droits ne sont dus qu'au cas que le réméré ne soit pas exercé dans le temps stipulé. La faculté ne peut excéder neuf ans.

Guyot, chap. 4. sect. 5. n. 2. Duplessis, liv. 2.

X I.

Tout nouvel acquéreur doit exhiber son contrat au seigneur, dans les termes portés par les coutumes, à peine d'amende pour les acquisitions recélées en roture : en fief, il n'y en a point, parce que le seigneur a la voie de saisir féodalement.

11. Tout acquéreur doit-il exhiber son contrat ?

Guyot, tom. 4. du retrait, chap. 17. Duplessis, liv. 4. des censives.

X I I.

De bail à rente rachetable, les lods & ventes sont dus à l'instant du contrat, s'il n'y a coutume au contraire, comme Meaux & quelques autres.

12. Est-il dû des droits pour un bail à rente rachetable ?

Brodeau, sur Louet, lettre L. s. 18.

X I I I.

Toutes donations à titre oné-

13. En est-

il dû pour do-
nation ?

reux donnent ouverture aux droits de quint ou lods.

Dupleſſis, liv. 2. Guyot, cit ſuprà.

X I V.

14. En eſt-
il dû pour
vente de fu-
taie ?

Il n'eſt point dû de droits pour vente de bois de haute futaie.

Bardet, tom. 2. liv. 7. chap. 7. Tron-çon, ſur Paris, 23. Dupleſſis, ſuprà cit. Guyot, chap. 6. n. 17.

X V.

15. En eſt-
il dû pour
bail emphy-
téotique ?

Le bail emphytéotique & le bail à rente foncière ne donnent point ouverture aux droits, s'il n'y a argent débourſé; dans lequel cas, il y a droit au *rata*.

Dupleſſis, ibid. Guyot, ſuprà cit. chap. 8.

X V I.

16. En cas
de réſolution
du contrat,
les droits
ſont-ils dus ?

En fait de réſolution de con-trat, lorſqu'elle eſt forcée & oc-caſionnée par la nullité du con-trat même, il n'eſt dû aucuns droits, ni premiers, ni ſeconds; ſi la réſolution forcée n'a lieu que pour l'avenir, & pour cauſe inhérente au contrat, comme défaut de paiement, les premiets droits font dus; fi la réfolution eft volontaire, qu'elle fe faffe peu de temps après le premier contrat, & que le prix de la vente ne foit pas entièrement payé, les premiers droits feulement font dus : *fecùs*, il eft du double droit.

Guyot, chap. 12. *n.* 12. *& fuiv.*

X V I I.

Un acquéreur qui fait un décret volontaire du bien qu'il a acquis, ne doit point de feconds droits; fi le décret devient forcé, il n'eft dû qu'un droit; & fi le feigneur a perçu ceux du contrat, il eft tenu de les reftituer, fi l'acquéreur ne refte point adjudicataire.

Dupleffis, liv. 2.

17. Sont-ils dus pour décret volontaire?

X V I I I.

Les droits font dus par l'acquéreur, s'il n'y a coutume au contraire.

Dupleffis, des cenfives, liv. 2.

18. Par qui les droits se payent-ils?

XIX.

19. A qui appartiennent-ils ?

Ces droits appartiennent au fermier ou feigneur du temps du contrat. La quotité en eft réglée par les coutumes.

Guyot, chap. 1. n. 10.

XX.

20. En fait d'adjudication par décret, les frais font-ils partie du prix ?

Dans les adjudications par décret, les droits ne font point dus des frais ordinaires de criées, quoiqu'ils faffent partie du prix ; parce qu'ils ne tournent pas au profit du vendeur.

Dupleffis, fuprà cit.

XXI.

21. Sont-ils dus pour partage entre cohéritiers ?

Les droits ne font point dus pour partage fait entre cohéritiers.

Ibid.

XXII.

22. En eft-il dû pour échanges ?

Il eft dû à préfent des droits pour les échanges ; mais ils appartiennent au roi, à moins que les feigneurs ne les aient acquis de lui.

Déclarations du roi de 1673. &
1674. Dupleſſis, aux notes.

XXIII.

Outre le quint, il y a quelques coutumes qui admettent le re-quint, qui eſt le cinquième du quint.

23. Qu'eſt-ce que le re-quint, qui a lieu dans quelques coutumes ?

CHAPITRE X.

De la Saisie féodale & censuelle.

1. Qu'est-ce que la saisie féodale ?
2. Quelles en sont les causes ?
3. Quel en est l'effet ?
4. De combien de temps le seigneur saisissant prend - il les fruits ?
5. Gagne-t-il les fruits des arrière-fiefs ?
6. Jouit - il des rentes dues au vassal ?
7. Peut-il couper les bois taillis ?
8. Peut-il saisir les meubles ?
9. Peut-il déloger le vassal ?
10. Doit-il rembourser au vassal les labours & semences ?
11. Jouit-il du droit de patronage attaché au fief saisi ?
12. Quid, lorsque le fief du vassal est affermé ?

I.

LA saisie féodale est la main-mise du seigneur sur le fief de son vassal qui ne lui rend pas ses devoirs.

1. Qu'est-ce que la saisie féodale ?

Guyot, tom. 4. de la saisie féodale, chap. 1.

I I.

En général, il n'y a que deux causes de saisie féodale ; le défaut d'homme & le défaut de dénombrement : les autres causes, comme pour droit de relief ou de quint, ne sont qu'accessoires ;

2. Quelles en sont les causes ?

encore faut-il qu'ils aient été ex-pressément réservés.

Guyot, ibid. sect. 2. n. 1.

III.

3. Quel en est l'effet?

De droit commun, l'effet principal de la saisie féodale est d'acquérir irrévocablement au seigneur tous les fruits qu'il a recueillis ou dû recueillir.

Id. sect. 7. n. 1. Duplessis, chap. 4. liv. 5. des fiefs.

IV.

4. De combien de temps le seigneur saisissant prend-il les fruits?

Le seigneur ne prend les fruits que d'une année, quand même sa saisie auroit duré quelques mois de plus, à moins qu'il ne fût échu deux récoltes; l'une, lorsque la saisie a été faite; l'autre, pendant la saisie.

Id. n. 4.

V.

5. Gagne-t-il les fruits des arrière-fiefs?

Le seigneur gagne les reliefs & quints des arrière-fiefs ouverts pendant la saisie du fief servant, & il les gagne en entier, quand même le vassal auroit obtenu main-levée le lendemain de la mutation arrivée dans les arrière-fiefs.

Id. n. 5.

V I.

A l'égard des loyers de maisons, arrérages de rentes dues au vassal à cause de son fief, le seigneur les a à proportion du temps que sa saisie a duré, parce que ces sortes de fruits échoient *de die in diem.*

Id. n. 7.

6. Jouit-il des rentes dues au vassal?

V I I.

Le seigneur prend aussi les bois taillis qui sont en coupe, & les étangs qui sont en pêche.

Chopin, sur l'art. 36. d'Anjou, n. 2. Dumoulin, §. 1. gl. 8. n. 30. & 31. Duplessis, suprà cit.

7. Peut-il couper les bois taillis?

V I I I.

Le seigneur ne peut saisir que les immeubles & droits réels qui

8. Peut-il saisir les meubles?

forment le fief du vaſſal : il ne peut ſaiſir les meubles.

Dumoulin, ſuprà cit. gl. 5. n. 13.

I X.

9. Peut-il deloger le vaſſal ?

Le ſeigneur ne peut déloger le vaſſal ni ſa famille ; il doit en uſer comme dans le relief.

Guyot, ſuprà cit. n. 11.

X.

10. Doit-il rembourſer au vaſſal les labours & femences ?

Si le domaine du fief ſervant n'eſt pas affermé, le ſeigneur ſaiſiſſant qui en prend la récolte en eſſence, doit, comme dans le relief, déduire & rembourſer les labours & femences.

Coutume de Paris, art. 56.

X I.

11. Jouit-il du droit de patronage attaché au fief ſaiſi ?

Le ſeigneur, en vertu de la ſaiſie féodale, jouit auſſi du droit de patronage, qui eſt attaché au fief ſaiſi, & qui en dépend.

Dumoulin, §. 37. hodiè. 55. gl. 10. n. 3.

X I I.

12. *Quid,* lorſque le fief

Lorſque le fief eſt affermé ſans

fraude, le seigneur doit se contenter du prix de la ferme.

Guyot, ibid. n. 16. Duplessis, suprà cit.

X I I I.

Régulièrement, il n'y a que
le seigneur dominant qui puisse
saisir le fief vassal.

Guyot, ibid. sect. 1. n. 1.

X I V.

L'engagiste n'a pas le droit de
saisir ; parce qu'il n'est pas seigneur, & que, nonobstant l'engagement, le roi demeure seigneur : mais comme il a l'utile,
on lui a accordé la faculté de
saisir féodalement, faute d'homme, le procureur du roi joint,
& non autrement.

Baquet, des droits de justice, chap.
12. n. 14.

X V.

L'usufruitier peut saisir, faute
d'homme, droits & devoir, en
mettant le nom du propriétaire
dans la saisie, sommation préala-

ble de saisie , s'il n'y a coutume au contraire.

Coutume de Paris , art. 2.

XVI.

16. Les tu-
teurs le peu-
vent-ils ?

Les tuteurs & curateurs peuvent saisir les fiefs tenus des fiefs de leurs mineurs , dans tous les cas où les mineurs pourroient saisir.

Guyot , suprà cit. n. 9.

XVII.

17. Le pro-
cureur fiscal
peut-il saisir ?

Le procureur fiscal du seigneur a droit de saisir , le cas échéant , en son nom de procureur fiscal , les fiefs servans de celui dont il est le procuteur fiscal.

Dumoulin , sur l'art. 1. *gl.* 1. *n.* 72. *Arrêt du* 11. *Mars* 1681. *Journal du palais , septième partie. Guyot , suprà cit. n.* 14.

XVIII.

18. Dans
quel temps la
saisie peut-
elle être
faite ?

Le seigneur ne peut saisir que quarante jours après la mutation ou la foi rendue , s'il n'y a coutume au contraire.

Guyot , suprà cit. sect. 3. *n.* 3. *&* 14.

XIX.

XIX.

Il faut une commission du juge
pour saisir, & il faut que la commission soit spéciale pour tel fief,
& qu'on y déclare les causes de
la saisie ; car si cette commission
étoit générale , la saisie seroit
nulle.

*Guyot, ibid. sect. 4. n. 3. Duplessis,
des fiefs , liv. 5. chap. 3.*

19. Peut-
on saisir sans
commission?

X X.

Il n'est pas nécessaire que cette
commission soit scellée , si la coutume ne l'exige pas.

*Guyot, ibid. n. 11. qui en rapporte
deux arrêts, l'un du 5. Septembre 1740,
l'autre du 23. Août 1741.*

20. La com-
mission doit-
elle être scel-
lée?

X X I.

Il n'est pas nécessaire de faire
un commandement avant que de
procéder à la saisie féodale , parce
que la coutume interpelle suffi-
samment le vassal.

*Molin. sur Paris , §. 1. gl. 4. n. 2.
& §. 74. gl. 1. n. 73.*

21. La saisie
doit-elle être
précédée du
commande-
ment?

X X I I.

22. Quelles sont les formalités de la saisie féodale?

Le sergent qui fait la saisie féodale, doit se transporter sur le fief, au lieu du principal manoir, ou au lieu principal du fief, faute de manoir; & il doit déclarer qu'il le saisit avec ses appartenances & dépendances, sans autre détail; parce que, soit en saisie féodale, soit en saisie réelle de fief ou de franc-aleu noble, les ordonnances & les coutumes dispensent du détail les dépendances que très-souvent on ignore : il n'y a qu'en roture où on doit détailler les piéces par tenans & aboutissans, & aspects du soleil.

Guyot, suprà cit. n. 5.

X X I I I.

23. Exception.

Il faut excepter de cette règle les fiefs en l'air ou incorporels, qui ne consistent que dans les droits de censive; dans ce cas, il faut saisir entre les mains des censitaires, & notifier au vassal cette saisie-arrêt.

Ibid.

X X I V.

La saisie féodale faite, il faut y établir commissaire, & notifier le tout au vassal.

24. Doit-on établir un commissaire au fief saisi?

Ibid.

X X V.

L'huissier qui fait la saisie féodale, doit être assisté de records ou témoins.

25. L'huissier doit-il être assisté de records?

Arrêt du 10. *Juillet* 1741. *pour le comte de Joyeuse contre le marquis de Puisieux, engagiste de Sainte-Menehould.*

X X V I.

L'enregistrement de la saisie au greffe de la justice du lieu saisi, n'est point nécessaire, si la coutume ne l'ordonne.

26. La saisie doit-elle être enregistrée?

Id. sect. 5. *n.* 4.

X X V I I.

Hors les coutumes d'exception, la saisie féodale dure trois ans; après ce temps, il faut la renouveller.

27. Combien dure la saisie féodale?

Guyot, sect. 4. *n.* 9.

XXVIII.

28. *Quid*, s'il y a opposition ?

S'il y a opposition & instance sur la saisie, elle est prorogée de droit, tant que dure la contestation, jusqu'à l'arrêt définitif, s'il y a appel.

Ibid. n. 5. Duplessis, suprà cit.

XXIX.

29. Comment doit jouir le seigneur saisissant ?

Le seigneur doit, pendant la saisie, jouir en bon père de famille, & régir comme le vassal régiroit lui-même, & est tenu de l'entretien ordinaire.

Coutume de Paris, art. 1. & 54.

XXX.

30. Doit-il acquitter toutes les charges du fief ?

Il n'est point tenu d'acquitter les charges non inféodées.

Coutume de Paris, art. 28. qui forme le droit commun. Duplessis, sur cet art.

XXXI.

31. Est-il tenu du ban & arriere-ban ?

Le seigneur est tenu du ban & arrière-ban qui est levé pendant la saisie ; parce que c'est une charge réelle du fief, préférable aux droits du seigneur : il s'agit du service du roi.

Guyot, suprà cit. n. 4.

XXXII.

La saisie féodale est préférable à la saisie réelle, même antérieure, parce que le seigneur a un droit primitif : mais si la saisie réelle étoit faite antérieurement par le créancier d'une rente inféodée, elle seroit préférée à la féodale ; parce que par l'inféodation, le seigneur ayant reconnu la rente, il en seroit tenu, non point *personaliter*, mais uniquement en ce qu'il ne pourroit empêcher le privilége de cette saisie réelle sur la féodale qu'il auroit faite.

32. Quel est le privilége de la saisie féodale ?

Guyot, ibid.

XXXIII.

Quand la saisie féodale est faite, faute d'aveux & dénombremens, de droit commun elle n'emporte pas perte des fruits, dont il faut rendre compte ; à moins que la

33. Emporte-t-elle toujours perte de fruits ?

contumace du vaſſal qui perſé-
vère dans ſon refus de fournir
ſon aveu & dénombrement, n'ait
été avérée en jugement , & qu'il
n'y ait condamnation ; le tout , s'il
n'y a coutume au contraire.
Guyot , ſect. 3. n. 1 2. & 1 4.

X X X I V.

34. Quand la main-levée a-t-elle lieu ? Lorſque la foi eſt faite, la main-
levée a lieu de plein droit ; de
même , quand le vaſſal a préſenté
ſon aveu , quand il y auroit blâme :
c'eſt le droit commun , excepté
dans quelques coutumes qui ont
des diſpoſitions contraires.

X X X V.

35. Qu'arrive-t-il lorſqu'il y a infraction de la ſaiſie de la part du vaſſal ? Soit que la ſaiſie ſoit faute
d'homme , ſoit qu'elle ſoit faute
d'aveu , ſi le vaſſal empêche la
jouiſſance du ſeigneur ou de ſes
commiſſaires , s'il perçoit les fruits
par violence , ou autrement , depuis la ſaiſie à lui duement notifiée , il y a infraction de ſaiſie ,
& le ſeigneur n'eſt tenu , ni de

le recevoir à foi, ni de recevoir le dénombrement, qu'il n'ait restitué les fruits.

Id. sect. 8. n. 3.

X X X V I.

Le seigneur ne peut hâter une récolte, & faire cueillir les fruits avant leur maturité; s'il l'avoit fait, & que le temps de la récolte échût depuis la main-levée, il seroit tenu de la restitution & des dommages & intérêts.

36. Le seigneur peut-il, dans la perception des fruits, devancer le temps des récoltes ?

Duplessis, chap. 4. suprà cit.

X X X V I I.

Durant la saisie féodale, le seigneur saisissant se peut faire donner les aveux & dénombremens par les arrière-vassaux qui les doivent ; & à faute d'y satisfaire, user sur eux de la saisie privilégiée permise.

37. Pendant la saisie peut-il recevoir les aveux & dénombremens des arrière-fiefs ?

Duplessis, suprà cit. sect. 2.

X X X V I I I.

De droit commun, le seigneur

38. Que doit faire le

feigneur pour être payé des cens qui lui font dus ?

cenfier, pour être payé des arrérages de fon cens, ne peut ufer de main-mife, mais feulement brandonner & faifir les fruits pendans par les racines, jufqu'à ce qu'il foit payé ; & il ne fait pas les fruits fiens, à moins qu'il n'y ait coutume au contraire.

Guyot, fect. 9. n. 2.

X X X I X.

39. La faifie cenfuelle a-t-elle lieu pour les lods & ventes ?

La faifie cenfuelle n'a point lieu pour les lods & ventes qui ne fe pourfuivent que par action, fi la coutume ne le dit précifément.

Guyot, fuprà cit.

X L.

40. Peut-il faifir les fruits coupés?

Dès que les fruits font coupés, fuffent-ils encore fur le champ, ils font réputés meubles ; & dès-lors le feigneur cenfier ne peut les faifir, étant de maxime que le feigneur ne peut s'en prendre

aux

aux meubles de son censitaire pour le paiement du cens.

Idem. n. 3.

X L I.

Cette saisie doit, comme la saisie féodale, être faite en vertu de commission du juge du seigneur, s'il en a un, sinon du juge royal où vont les causes de sa seigneurie & de ses habitans.

Id. ibid. n. 4.

41. Faut-il une commission du juge pour la saisie brandon?

X L I I.

Cette saisie brandon n'étant pas une exécution parfaite, & n'emportant pas perte de fruits, il n'est pas nécessaire qu'elle soit précédée d'un commandement; le seigneur ne peut faire vendre les fruits, sans avoir obtenu sentence qui l'ordonne.

Ibid. Duplessis, du cens, liv. 1. *chap.* 2.

42. Le seigneur peut-il faire vendre les fruits saisis?

X L I I I.

Si c'est une maison non louée à autre qui doit la censive, le sei-

43. *Quid* lorsque le cens est établi

I

gneur peut faifir-gager les meubles, mais non les meubles du tenancier, étant dans une autre maifon qui ne lui devroit point cens, & il doit établir un gardien des meubles faifis, foit le propriétaire même, foit un voifin.

Id. n. 7.

X L I V.

Si la maifon eft louée, il faut fe contenter de faifir les loyers entre les mains du locataire.

Ibid.

X L V.

En confignant trois années, le cenfitaire obtient main-levée provifoire ; fi la coutume ne demandoit qu'une année, il faudroit s'y conformer.

Ordonnance de Charles IX. de 1563. *Guyot, fuprà cit. n.* 8.

CHAPITRE XI.

De la Succession des Fiefs.

1. *Difficulté de donner des règles générales sur la succession des fiefs.*
2. *Le droit d'aînesse a-t-il lieu en collatérale ?*
3. *A qui appartient-il ?*
4. *Un fils déshérité peut - il y prétendre ?*
5. *Le père peut-il en disposer ?*
6. *Peut-il en empêcher l'effet ?*
7. *Ce droit se multiplie-t-il ?*
8. *A-t-il lieu sur un fief acquis à faculté de réméré ?*
9. *Comment l'aîné contribue-t-il aux dettes de la succession ?*
10. *Quid, si l'aîné est évincé d'un fief à lui échu par droit d'aînesse ?*

I ij

11. *Peut-on substituer au préjudice de l'aîné ?*

12. *En succession de fief en collatérale , le mâle exclut-il la femelle ?*

13. *Comment se partagent les fiefs entre roturiers ?*

14. *En directe , le mâle partage-t-il également avec les femelles ?*

15. *Le droit d'aînesse passe-t-il au deuxième fils , quand l'aîné donataire y a renoncé ?*

I.

1. Difficulté de donner des règles générales sur la succession des fiefs.

IL est assez difficile de donner des règles générales sur la succession des fiefs ; parce qu'il est peu de coutumes, qui n'ait des dispositions différentes sur le partage des fiefs : cependant comme deux choses différencient le partage des fiefs du partage des autres biens, le droit d'aînesse & la prérogative des mâles sur les femelles, on peut seulement proposer quelques maximes sur ces deux objets *in se ;* car quant à la quotité, il faut avoir recours à la coutume de la situation des fiefs.

I I.

En général le droit d'aînesse n'a lieu qu'en directe, c'est-là le droit commun dont il faut excepter quelques coutumes qui le donnent en collatérale, comme Amiens, Poitou, Le Maine, Angoumois.

Le Brun, de la succession des fiefs; liv. 2. chap. 2. sect. 1. n. 1.

2. Le droit d'aînesse a-t-il lieu en collatérale?

I I I.

Le droit d'aînesse appartient à l'aîné mâle ou ses représentans, quand même dans l'ordre de la nature il seroit le puîné de toutes les femelles, pourvu qu'il soit légitime ou légitimé par mariage subséquent ; les filles en général ne sont point admises au droit d'aînesse, & entre elles il n'y en a point, si la coutume ne le dit.

Ibid.

3. A qui appartient-il?

I V.

Le fils exhérédé ne peut réclamer son droit d'aînesse, sous prétexte qu'il tient ce bénéfice de la loi seule ; parce qu'il faut être héritier pour prétendre à ce droit d'aînesse.

Guyot, de la succession des fiefs, sect. 2. n. 26.

V.

Le droit d'aînesse étant un bénéfice de la loi , non du père , le père n'en peut disposer par aucun acte gratuit entre vifs ou testamentaire, en faveur d'un puîné au préjudice de l'aîné, si la coutume ne le permet.

Dumoulin, hodiè. 13. gl. 3. n. 7.

V I.

Un père ne peut éteindre & supprimer la qualité féodale de ses héritages, au préjudice de ses enfans, & des droits que les enfans peuvent y avoir.

Guyot, suprà cit. n. 44. Arrêt du

13. *Février 1632. rapporté par Bardet,*
tom. 2. liv. 1. chap. 7.

V I I.

L'aîné a autant de droit d'aînesse avec préciput, qu'il y a de
fiefs dans une succession, régis
par différentes coutumes : Vitry,
53. Anjou , 133. en accordent
dans chaque bailliage ; hors ces
deux coutumes & celles qui ont
des dispositions semblables , s'il
y a plusieurs fiefs dans une même
coutume , quoiqu'en différens
bailliages, l'aîné n'y a qu'un préciput.

7. Ce droit se multiplie-t-il?

Brodeau, sur Louet, lettre L. som.
17. *Tronçon, sur Paris, art.* 14.

V I I I.

Le droit d'aînesse a lieu sur un
fief acheté à faculté de réméré ;
& si ce réméré est exercé après
la mort du père, le prix s'en partage, comme le fief a été ou dû
être partagé.

3. A-t-il lieu sur un fief acquis à faculté de réméré?

Dumoulin, sur l'art. 8. *hodiè.* 13.

*de Paris, gl. 5. Le Brun, sect. 1. n. 55,
& 56. Renusson, des propres, chap. 1.
sect. 10. n. 21. & suiv. M. Le Camus,
en ses observations sur l'art. 13. de
Paris, n. 18. Guyot, suprà cit. sect. 3.
n. 2.*

I X.

9. Comment l'aîné contribue-t-il aux dettes de la succession?

L'aîné ne contribue pas plus que les autres au paiement des dettes de la succession, & il n'en doit que sa portion virile.

Guyot, ibid. n. 4.

X.

10. *Quid*, si l'aîné est évincé d'un fief à lui échu par droit d'aînesse?

D'un fief acquis par le père, & partagé après sa mort avec droit d'aînesse, si le vendeur prend des lettres de rescision & obtient à ses fins, le prix se partagera également ; parce que cette éviction vis-à-vis des enfans annulle le contrat dans son principe, & opère le même effet que si le père avoit été lui-même évincé.

Dumoulin, §. 11, hodiè. 18, n. 31.

X I.

Une substitution ne peut avoir lieu, au préjudice du droit d'aî-nesse.

Guyot, n. 8.

X I I.

La plupart des coutumes, comme Vitry, 59. Saint Mihiel, tit. 5. art. 13. Bar, 120. Sedan, 170. Vermandois, 163. Reims, 54. & quelques autres décident qu'en ligne collatérale, le mâle exclut la femelle en pareil dégré, en succession de terres féodales, en sorte que le mâle emporte tous les fiefs, à l'exclusion des femelles.

X I I I.

Dans la coutume de Paris & quelques autres, les biens nobles se partagent avec droit d'aînesse, tant entre nobles que roturiers. Poitou, 289. Maine, 238. Anjou, 222. Tours, 260. Bretagne, 541. La Rochelle, 54.

11. Peut-on substituer au préjudice de l'aîné?

12. En succession de fief en collatérale, le mâle exclut-il la femelle?

13. Comment se partagent les fiefs entre roturiers?

Saintonges, 91. Angoumois, 87.
La Marche, 213. Berry, tit. 19.
art. 31. Troyes, 14. Vitry, 55.
& pluſieurs autres, n'admettent
le droit d'aîneſſe qu'entre nobles
& dans les ſucceſſions nobles. Le
Maine, 274. & Anjou, 255. &
256. accordent cependant au roturier le droit d'aîneſſe dans le ſief
tombé en tierce foi, c'eſt-à-dire,
dont le père & le ſils ont ſucceſſi-
vement fait la foi; dans la ſucceſſion de ce fils, l'aîné dont l'hommage eſt réputé le troiſième, **a**
le droit d'aîneſſe.

*La Combe, recueil de juriſprudence
civile,* verbo *aîné, ſect.* 1. *n.* 29. *Le
Brun, ſuprà cit. n.* 88.

X I V.

*14. En di-
recte le mâle
parrage - t - il
également
avec les fe-
melles ?*

Dans quelques coutumes ;
comme Bar, 118. Saint Mihiel,
tit. 5. art. 10. Vitry, 57. Meaux,
45. Vermandois, 150. Reims,
42. Châlons, 159. Sedan, 160.
Chaumont, 8. Troyes, 14. Lu-

xembourg, tit. 12. art. 9. en fuc-
ceffion féodale, en ligne directe,
le mâle a autant que deux filles.

X V.

Quand l'aîné donataire renonce
& fe tient à fon don, le droit
d'aîneffe n'eft point dévolu au fecond fils ; *fecùs*, fi la renoncia-
tion eft gratuite, s'il n'y a coutume au contraire.

Le Brun, fuprà cit. n. 47. & 48.
& *liv.* 3. *chap.* 8. *fect.* 2. *n.* 74. &
fuiv.

15. Le droit
d'aîneffe paf-
fe-t-il au deu-
xième fils
quand l'aîné
donataire y a
renoncé ?

CHAPITRE XII.

Du Retrait féodal.

1. *Origine du retrait seigneurial ?*
2. *Comment se divise-t-il ?*
3. *Quand a-t-il lieu ?*
4. *A-t-il lieu dans les ventes faites pour l'utilité publique ?*
5. *Quid*, en échange ?
6. *Qui a droit de retraire ?*
7. *Les ecclésiastiques l'ont-ils ?*
8. *Le droit de retrait est-il cessible ?*
9. *Quid*, lorsque le fief vendu relève de plusieurs seigneurs ?
10. *Quid*, lorsque plusieurs fiefs sont vendus par un même contrat ?
11. *Aux frais de qui se fait dans ce cas la ventilation ?*
12. *Le retrait lignager est-il préféré au féodal ?*

13. *De quel jour court le retrait ?*

14. *Le fermier à qui le droit de retrait est cédé, peut-il l'exercer lorsque le seigneur a investi l'acquéreur ?*

15. *Le seigneur vendeur peut-il l'exercer ?*

16. *Quid, d'un seigneur qui, comme juge, a adjugé l'héritage par décret ?*

17. *Le fief retiré est-il acquêt au retrayant ?*

18. *Que doit faire le seigneur à qui le retrait est adjugé ?*

19. *Dans quel délai se doit faire le remboursement ?*

20. *Le retrayant est-il tenu des hypothèques établies sur le bien retiré ?*

21. *Un engagiste peut-il retirer ?*

22. *L'usufruitier le peut-il ?*

23. *Le seigneur qui a reçu les droits, peut-il retirer ?*

24. *Quid, lorsque le fermier les a reçus ?*

25. *Le seigneur peut-il retirer sur un acquéreur lignager du vendeur ?*

26. *A quelles formalités est sujet le retrait féodal ?*

27. *Quelles coutumes faut-il suivre pour ces formalités ?*

I.

1. Origine du retrait seigneurial ?

SUivant le plus grand nombre des auteurs, le retrait féodal a été subrogé à l'ancienne réversion des fiefs, faute d'hoirs, & sur-tout à la commise, qui n'a cessé d'avoir lieu, que lorsque les fiefs ont été patrimoniaux & de commerce.

Guyot, tom. 4. du retrait seigneurial, chap. 1. n. 3.

I I.

2. Comment se divise-t-il ?

Le retrait seigneurial se divise en retrait féodal, s'il est question d'un fief ; il a lieu presque par tout le royaume : & en retrait censuel, s'il s'agit d'une roture ;

il n'a lieu que dans quelques coutumes particulières.

III.

Le retrait seigneurial, soit féodal, soit censuel, dans les coutumes où il est admis, n'a lieu que dans le contrat de vente ou équipollent à vente, & s'exerce par le seigneur dominant.

Guyot, ibid. chap. 3. n. 2.

3. Quand a-t il lieu ?

IV.

Le retrait n'a point lieu dans les ventes faites pour l'utilité publique, parceque tout doit céder à l'intérêt public.

Ibid. sect. unic. n. 17.

4. A-t-il lieu dans les ventes faites pour l'utilité publique ?

V.

Le retrait n'a pas lieu en échanges d'immeubles contre immeubles ; s'il y a soute ou retour en argent, les coutumes varient : dans quelques-unes, il y a retrait jusqu'à concurrence de l'argent ; dans d'autres, il faut que l'argent excède la valeur du fonds : mais

5. *Quid,* en échange ?

il a lieu en échange d'immeubles contre des meubles ou effets mo- biliers, parce que c'est alors une vraie rente.

Guyot, ibid. chap. 3. n. 1. Poquet de Liv. droit franc des retraits, n. 29.

V I.

6. Qui a droit de re- trait?

Le seigneur de fief peut seul exercer le retrait seigneurial des fonds vendus dans sa mouvance ou directe, dans les coutumes où le retrait a lieu.

Guyot, chap. 7. n. 1.

V I I.

7. Les ec- cléfiastiques l'ont-ils ?

Quoique les eccléfiastiques ne foient que les ufufruitiers des biens de leurs églifes, ils ont cependant le droit de retraire, s'il n'y a cou- tume ou réglement au contraire.

Ibid. chap. 8. n. 1.

V I I I.

8. Le droit de retrait est- il ceffible ?

En pays coutumier de droit commun, le droit de retrait fei- gneurial est ceffible, excepté dans

quelques

quelques coutumes qui ont des dispositions contraires.

Ibid. chap. 9. n. 20. & chap. 16. n. 1. Duplessis, des fiefs, liv. 7. chap. 2. Baquet, chap. 12. n. 8.

I X.

Toutes les fois qu'il s'agit de la vente d'un seul & même fief, soit qu'il soit mouvant d'un même seigneur, soit qu'il soit tenu de divers seigneurs par indivis ou divisément, l'acquéreur ne peut être forcé à morceler son acquisition : le seigneur doit retirer tout ; & s'il n'a pas la totalité de la dominance, il ne réunit que pour sa portion, & fait la foi aux autres pour le surplus.

9. *Quid, lorsque le fief vendu relève de plusieurs seigneurs ?*

Guyot, chap. 15. n. 6. Ricard, sur Paris, Brodeau, sur Louet, lettre R. f. 25. & 26.

X.

Si plusieurs fiefs sont vendus par un même contrat un seul & même prix, l'unicité du prix ne

10. *Quid, lorsque plusieurs fiefs sont vendus par un même contrat ?*

K

doit point nuire au seigneur, qui peut retirer l'un, sans être obligé de retirer les autres : dans ce cas, il faut ventiler.

Guyot, ibid. Dupleffis, liv. 7. chap. 3.

X I.

11. Aux frais de qui se fait dans ce cas la ventilation?

Cette ventilation doit se faire aux frais de l'acquéreur, qui doit s'imputer s'il a confondu, & qu'il n'ait point distingué dans son contrat le prix de chaque fief.

Guyot, ibid. n. 13.

X I I.

12. Le retrait lignager est-il préféré au féodal?

De droit commun, le retrait lignager est préféré au féodal; Saint Mihiel, tit. 3. art. 4. préfère cependant le féodal au lignager.

Ibid. n. 16.

X I I I.

13. De quel jour court le retrait?

Le retrait seigneurial doit être exercé dans les quarante jours, non pas à compter du jour de la vente, mais du jour de l'exhibition du contrat : ce terme une fois expiré, le retrait féodal n'est plus reçu;

quelques coutumes accordent l'an & jour. Quand il n'y a pas eu exhibition du contrat, le seigneur a trente ans pour exercer le retrait.

Ibid. chap. 17. *n.* 1. *Brodeau, sur l'art.* 20. *n.* 29. *Duplessis, suprà cit, chap.* 4.

X I V.

Le fermier qui, par la coutume, ou par son bail, a la cession générale du retrait pendant son bail, ne peut exercer le retrait, quand, lors de l'exhibition du contrat, le seigneur investit ou déclare qu'il veut investir l'acquéreur.

14. Le fermier, à qui le droit de retrait est cédé, peut-il l'exercer lorsque le seigneur a investi l'acquéreur ?

Guyot, chap. 18. *n.* 7.

X V.

Le seigneur vendeur est exclus du retrait, parce qu'il ne peut revenir contre son propre fait.

15. Le seigneur vendeur peut-il l'exercer ?

Ibid. n. 9.

X V I.

Le juge qui a adjugé un héritage par décret, n'est point ex-

16. Quid, d'un seigneur qui comme juge a adjugé l'héritage par décret ?

clus du retrait, s'il eſt ſeigneur cenſier ou féodal ; parce qu'il n'a adjugé que comme juge , & qu'il ne vient au retrait que comme ſeigneur.

Id. chap. 3. ſect. unic. n. 11.

XVII.

17. Le fief retiré eſt-il acquêt au retrayant?

L'héritage retiré par retrait féodal eſt acquêt au ſeigneur.

Ibid. chap. 19. n. 5.

XVIII.

18. Que doit faire le ſeigneur à qui le retrait eſt adjugé?

Le ſeigneur doit rembourſer dans le délai de la coutume où le fief retiré eſt ſitué , ou dans le délai qui lui ſera accordé par le juge , non ſeulement le prix principal de l'acquiſition , mais auſſi les frais & loyaux coûts , à peine de déchéance du retrait.

Id. chap. 20. n. 3.

XIX.

19. Dans quel délai ſe doit faire le rembourſement?

Cet article eſt compris dans le précédent.

XX.

20. Le re- Le retrayant eſt tenu des hypothèques des créanciers du vendeur. trayant est-il tenu des hypothèques établies sur le bien retiré?

Dumoulin, §. 20. gl. 5. n. 26. & seq.

X X I.

Un engagiste ne peut exercer le retrait féodal, s'il n'en a la faculté cédée par son bail. 21. Un engagiste peut-il retirer?

Duplessis, suprà cit. chap. 2.

X X I I.

L'usufruitier d'un fief dominant peut exercer le retrait féodal en son nom ; mais après son usufruit fini, le fief retiré retourne avec l'autre au propriétaire, comme y étant consolidé, pourvu qu'il rembourse l'usufruitier, ou ses héritiers, du prix, dans le temps qui sera fixé par le juge ; autrement le fief retiré retourne à l'usufruitier ou à ses héritiers. 22. L'usufruitier le peut-il?

Ibid.

X X I I I.

Lorsque le seigneur a reçu les droits, ou donné souffrance, il 23. Le seigneur qui a reçu les droits, peut-il retirer?

ne peut plus exercer le retrait.

Dupleſſis, chap. 5. Brodeau, ſur l'art. 21. de Paris, n. 7. Guyot, chap. 18. n. 2.

X X I V.

24. *Quid*, lorſque le fermier les a reçus ?

La réception des droits, faite par le fermier, l'uſufruitier ou l'engagiſte, n'exclut pas le propriétaire d'exercer le retrait, en rembourſant lui-même *de ſuo*, les mêmes droits à l'acquéreur.

Dupleſſis, ibid.

X X V.

25. Le seigneur peut-il retirer ſur un acquéreur lignager du vendeur ?

Le ſeigneur de fief ne peut retirer ſur un acquéreur lignager du vendeur, s'il n'y a coutume au contraire.

Dumoulin, ſur l'art. 78. de Paris, gl. 1. n. 143.

X X V I.

26. A quelles formalités eſt ſujet le retrait féodal ?

Le retrait féodal n'eſt point ſujet aux formalités du retrait lignager ; il ſuffit que le ſeigneur faſſe ſa déclaration & ſes offres de rembourſement dans les quarante jours, ou dans l'an & jour, suivant la disposition des coutumes qui en fixent le délai ; & s'il est obligé d'intenter son action, ce n'est que quand l'acquéreur ne veut pas tendre le giron : il n'est pas non plus sujet aux solemnités des offres durant l'action, à moins que la coutume ne l'exige.

Duplessis, chap. 4.

XXVII.

En ce qui concerne le droit de retrait *in fe*, la qualité & le pouvoir de l'exercer, il faut suivre la coutume du fief dominant ; & pour la façon de l'exercer, les formalités & l'exécution, il faut suivre la coutume du fief servant.

27. Quelles coutumes faut-il suivre pour ces formalités ?

Guyot, chap. 2. *n.* 10.

CHAPITRE XIII.

De la Commise, tant par désaveu, que par félonnie.

1. Qu'est-ce que la commise ?
2. Qu'est-ce qui y donne lieu ?
3. Combien de sortes de désaveux ?
4. Trois autres sortes admises par quelques auteurs ?
5. Quelle sorte de désaveu donne lieu à la commise ?
6. Comment le désaveu doit-il être formé ?
7. Sur quoi tombe la commise occasionnée par désaveu ?
8. La saisie faite par le seigneur, tient-elle pendant le procès du désaveu ?
9. Quid, si le désaveu est fait par personne incapable ?
10. Qui peut désavouer ?

11. *Les gens de main-morte peuvent-ils désavouer ?*

12. *La commise a-t-elle lieu de plein droit ?*

13. *L'action de commise passe-t-elle aux héritiers ?*

14. *Quid, lorsqu'avant la contestation en cause, le vassal retracte son désaveu ?*

15. *Quid, lorsque le vassal prétend relever du roi ?*

16. *Qu'est-ce que la félonnie ?*

17. *Quid, lorsque la félonnie est commise par un usufruitier ?*

18. *Quid, lorsque le dominant commet félonnie contre son vassal ?*

19. *Dans ce cas, le vassal devient-il libre ?*

20. *Qui peut demander la commise ?*

21. *Le seigneur qui, par droit de commise, prend le fief de son vassal, est-il tenu des hypothèques y établies ?*

22. *Est-il obligé d'entretenir les baux faits par son vassal ?*

L

23. Quid, *lorſque la commiſe eſt acquiſe à un bénéficier ?*
24. *La commiſe a-t-elle lieu pour les cenſives ?*

I.

1. Qu'eſt-que la com-miſe ?

LA commiſe eſt la confiſca-tion du fief du vaſſal, au pro-fit du ſeigneur dominant, féodal ou direct.

Dupleſſis, liv. 6. des fiefs.

I I.

2. Qu'eſt-ce qui y don-ne lieu?

Les deux cauſes principales, qui donnent lieu à la commiſe, ſont le déſaveu du vaſſal qui mécon-noît ſon ſeigneur, & la félonnie. *Ibid.*

I I I.

3. Combien de ſortes de déſaveux ?

Le déſaveu peut ſe faire de trois façons. 1°. Lorſque le vaſſal dénie que le fief ſoit tenu du ſei-gneur qui réclame, & du lieu dominant, à cauſe duquel il ré-clame. 2°. Quand le vaſſal ne dé-favoue pas qu'il ſoit vaſſal d'un tel fief dominant, mais qu'il nie que

le demandeur soit seigneur de ce
fief dominant. 3°. Lorsque le vassal
ne dénie pas que celui qui le réclame ou le saisit, est son dominant,
mais qu'il dénie être son vassal, à
cause de tel ou tel fief, & dit
l'être, à cause d'un autre possédé
par le même dominant.

   Dumoulin, §. 30. *hodiè.* 43. *n.* 9.

I V.

Outre ces trois sortes de défaveux, quelques auteurs en admettent encore trois autres : 1°.
Quand on dénie que l'héritage
soit fief. 2°. Quand le vassal ne
dénie pas tout, ou qu'il soutient
qu'il n'y a que partie qui soit fief,
& que l'autre est censuelle ou
franc-aleu. 3°. Enfin quand il nie
la qualité du fief, le seigneur pré-
tendant que le fief est chargé de
service, & que le vassal soutient
le fief concédé purement & simplement.

4. Trois au-
tres sortes,
admises par
quelques au-
teurs.

Pontanus, sur Blois, art. 101. §. 26. verbo *nisi purè.* Duplessis, *suprà cit.*

V.

5. Quelle sorte de défaveu donne lieu à la commise?

De toutes ces sortes de défaveux, l'action en commise n'a lieu que dans le cas où l'on dénie être vassal de celui qui actionne ou qui a saisi, & que l'on soutient relever d'un autre seigneur qui ne réclame pas.

Duplessis, ibid. Guyot, tom. 4. *de la commise, sect.* 3. *n.* 6.

V I.

6. Comment le défaveu doit-il être formé?

Pour que le défaveu emporte commise de fief, il doit être fait sciemment & frauduleusement ; c'est-à-dire, contre les preuves que l'on a, ou que l'on peut avoir, que le seigneur est mal désavoué, & doit être fait en jugement.

Guyot, ibid. n. 2. *Duplessis, suprà cit.*

V I I.

7. Sur quoi tombe la commise oc-

Le défaveu n'emporte commise que de ce sur quoi il porte

ſpécialement , en ſorte que s'il porte ſur tout le fief, il emporte commiſe du tout ; & s'il ne porte que ſur une portion , cette por-tion ſeule eſt commiſe; & ſi de pluſieurs ſeigneurs dominans un eſt déſavoué ou pluſieurs, la perte du fief n'eſt que des portions qui ſeront prouvées être tenues de ce ſeigneur ou de ces ſeigneurs dé-ſavoués.

Guyot, ibid. n. 3. Dupleſſis, ibid.

V I I I.

Le vaſſal ſur qui on a ſaiſi, doit avoir , quand il a déſavoué, main-levée par proviſion pendant le procès , parce qu'il faut que le ſeigneur faſſe confirmer ſon droit.

Dupleſſis, ibid.

I X.

Mais il n'y a point lieu à cette proviſion, lorſque le déſaveu eſt fait par perſonne incapable de déſavouer.

Dumoulin, §. 1. gl. 9. n. 2. Brodeau.

L iij

*sur l'art. 45. de Paris, n. 8. Baquet,
des amortissemens, chap. 58. n. 2. &
chap. 59. n. 3. Le Maître, traité des
fiefs, chap. 2.*

X.

10. Qui peut désavouer?

Pour commettre son fief par désaveu, il faut être capable d'aliéner ; parce que le désaveu emportant commise, il emporte aliénation : ainsi les mineurs & les interdits ne peuvent commettre, non plus que celui qui est grévé de substitution.

Poquet de Livonières, des fiefs, liv. 2. chap. 2. sect. 4. Duplessis, ibid.

X I.

11. Les gens de main-morte peuvent-ils désavouer?

Les communautés régulières ou séculières, les bénéficiers titulaires, commandeurs de Malte, ou autres, ne peuvent valablement désavouer ; il faut que leur désaveu soit autorisé par le supérieur général.

Guyot, n. 22.

X I I.

12. La commise a-t-elle

Le désaveu n'emporte pas la

commise de plein droit, il en ouvre seulement l'action, & il faut que le seigneur la demande.

Ibid. n. 28.

X I I I.

L'action de commise par dé-faveu, ne passe, ni aux héritiers du seigneur qui ne l'a pas inten-tée, ni contre les héritiers du vassal contre lequel le seigneur n'a point agi, & cela à cause de la personnalité de l'offense.

Guyot, ibid.

X I V.

Quand le vassal retracte son défaveu avant la contestation en cause, il évite la commise.

Dumoulin, suprà cit. hodiè. quæst. 4. *Pontanus, suprà cit. sur Blois. Basnage, sur l'art.* 125. *de Normandie. Guyot, n.* 36.

X V.

Quand dans le défaveu le vas-sal s'avoue tenir du roi, il n'y a point lieu à la commise ; mais elle

L iv

auroit lieu, si une fois abandon-
née par le procureur du roi, il
persistoit dans son désaveu.

Dupleßis, suprà cit.

X V I.

16. Qu'est-
ce que la fé-
lonnie ?

La félonnie est une offense faite
par le vassal à son seigneur, soit
par voies de fait sur la personne
du seigneur, de sa femme, ou
de ses enfans, ou par injures atro-
ces, comme calomnie contre
l'honneur ou la réputation du seigneur & de sa famille ; & de ce
nombre sont l'adultère, l'inceste,
le viol, les écrits calomnieux &
scandaleux, &c.

Guyot, sect. 4. n. 1. & 2.

X V I I.

17. *Quid*,
lorsque la fé-
lonnie est
commise par
un usufrui-
tier ?

Si la félonnie est commise par
des vassaux qui vivent en propriétaires & meurent usufruitiers,
dans ces deux cas, la commise
n'est prononcée que pour la vie
du délinquant.

Ibid. n. 3. Dupleßis, suprà cit.

XVIII.

Si le seigneur dominant commet félonnie contre son vassal,
ou sa famille, il doit être privé
de sa dominance.

Dumoulin, §. hodiè. 3. gl. 4. n. 10.

18. *Quid*
lorsque le do-
minant com-
met félonnie
contre son
vassal ?

XIX.

Mais le vassal ne devient point
libre pour cela ; il n'est plus à la
vérité sujet de son seigneur im-
médiat, mais il le devient de son
suzérain.

Dumoulin, ibid. n. 13.

19. Dans
ce cas le vas-
sal devient-
il libre ?

XX.

Pour demander la commise, il
faut être propriétaire, & elle ne
s'adjuge qu'au propriétaire contre
le propriétaire ; d'où il suit que
l'usufruitier, l'engagiste, la douairière & autres de cette espèce,
ne peuvent ni occasionner, ni
obtenir la commise d'un fief, ni
être déchargés de la dominance,
en offensant ; ils peuvent seule-

20. Qui
peut deman-
der la com-
mise ?

ment être privés de leur usufruit.
Guyot , *n. 6.*

XXI.

21. Le seigneur qui par droit de commise prend le fief de son vassal, est-il tenu des hypothèques y établies ?

Le seigneur qui prend le fief par droit de commise, le prend avec toutes les charges hypothécaires , imposées par le vassal avant la commise.

La Peyrère , lettre F. n. 31. Renusson , du douaire , chap. 3. n. 98. & suivans. Brodeau , sur Louet , lettre C. f. 53.

XXII.

22. Est-il obligé d'entretenir les baux faits par son vassal ?

Le seigneur qui prend par droit de commise le fief de son vassal , est le maître d'entretenir les baux par lui faits ; mais s'il ne veut pas les entretenir , il doit dédommager le fermier.

Guyot , suprà cit. n. 8.

XXIII.

23. *Quid ;* lorsque la commise est acquise à un bénéficier ?

Un bénéficier titulaire , & en cette qualité seigneur dominant du vassal délinquant, qui obtient la commise, ne gagne point le

fief commis, qui dès-lors est acquis à l'église, à qui véritable-
ment la directe en appartient ;
mais elle doit en vuider ses mains,
si elle en est requise, & qu'elle
n'obtienne pas des lettres d'amor-
tissement.

Dumoulin, suprà cit. quæst. 30.

X X I V.

La commise pour les censives
n'est point ordinaire, elle n'a lieu
que dans fort peu de coutumes.

24. La com-
mise a-t-elle
lieu pour les
censives,

CHAPITRE XIV.

Du Démembrement & Jeu de Fief, & de la Réunion des Fiefs.

1. Qu'eſt-ce que le démembrement de fief?
2. Qu'eſt-ce que le jeu de fief?
3. Le vaſſal peut-il démembrer ſon fief & s'en jouer?
4. Quand ſe fait la réunion des fiefs ſervans aux dominans?
5. Quel eſt l'effet de la réunion?
6. Qui peut réunir?
7. L'engagiſte le peut-il?
8. L'acquéreur à faculté de réméré le peut-il?
9. Quid, de celui qui n'eſt que ſeigneur en partie?
10. Le grévé de ſubſtitution réunit-il?

11. Quid , *de l'héritier bénéfi-*
    ciaire?
12. Quid , *du haut-justicier ?*
13. *Le seigneur de fief, qui acquiert*
    un franc-aleu , réunit-il ?
14. *Comment se fait la réunion*
    pendant le mariage ?

I.

DÉmembrer son fief , c'est de son fief en faire plu- *1. Qu'est-ce que le de- membrement de fief?* sieurs indépendans les uns des au- tres , pour être tenus du même seigneur.

Guyot , des fiefs , tome 1. *chap.* 2. *n.* 7.

I I.

Par jeu de fief on entend la *2. Qu'est-ce que le jeu de fief?* faculté que la coutume accorde au vassal de disposer des héritages de son fief ; mais à condition par lui de retenir la foi entière , ainsi qu'un droit domanial & sei- gneurial sur ce qu'il aliéne , &

que l'aliénation n'excède pas les deux tiers du corps du fief.
Id. chap. 4. *n.* 3.

I I I.

3. Le vassal peut-il démembrer son fief & s'en jouer ?

Le vassal ne peut démembrer son fief sans le consentement du seigneur dominant ; mais il peut s'en jouer & disposer, pourvu que l'aliénation n'excède pas les deux tiers. S. Mihiel, tit. 3. art. 15. Bar, 21. Metz, tit. 3. art. 10. veulent le consentement du seigneur, pour le jeu de fief.
Dupleſſis, ſur l'art. 51. *de Paris.*

I V.

4. Quand ſe fait la réunion des fiefs ſervans aux dominans ?

La réunion des fiefs ſervans aux dominans, & des rotures aux fiefs, ſe fait de plein droit, toutes les fois que le ſeigneur dominant acquiert par acquiſition volontaire, par décret, par retrait, par échange, par ſucceſſion, donation ou legs, le fief ſervant, ou que le ſeigneur du fief acquiert les rotures qui en dépendent, ou

quand le propriétaire de la censive acquiert le fief dont elle dépend, ou que le propriétaire de
la terre en censive acquiert le
cens qu'elle doit : c'est le retour
de la partie au tout ; à moins que
l'acquéreur ne fasse une déclaration précise & contraire à ce retour, dans l'acte qui lui transmet
la propriété du fief ou de la roture, s'il n'y a coutume au contraire.

Guyot, suprà cit. des réunions, chap.
2. n. 5. & chap. 4. n. 1. Duplessis, sur
Paris, liv. 10.

V.

L'effet de la réunion est de
rendre la partie réunie au tout,
de même nature & qualité que
le tout, quant à la qualité intrin-
séque, qui est la qualité féodale,
& non quant à la qualité extrin-
séque de propre ou d'acquêts,
si la coutume ne le dit.

Guyot, chap. 1. n. 21.

V I.

6. Qui peut réunir ?

Il n'y a que le propriétaire du fief ou de la censive qui puisse réunir ; c'est-à-dire que celui qui possède propriétairement le fief dominant ou la directe, peut seul réunir le sous-fief ou la roture qu'il acquiert propriétairement, *aut vice versâ :* celui qui possède propriétairement le fief servant, ou la roture chargée de censive, peut seul réunir quand il acquiert propriétairement le fief dominant ou la directe, d'où le sous-fief ou la roture qu'il a, sont tenus.

Guyot, suprà cit. chap. 3. *n.* 1.

V I I.

7. L'engagiste le peut-?

L'engagiste, la douairière ou autres usufruitiers qui acquièrent, ne réunissent point, parce que les uns & les autres ne sont point propriétaires incommutables des deux parties qui tendent à la réunion.

Id. chap. 3. *n.* 20. *Duplessis, suprà cit.*

VIII.

VIII.

L'acquéreur à faculté de ré-méré, réunit *ipso facto*, mais à condition qu'il fera décheoir le vendeur de la grace; excepté dans les coutumes d'Anjou & du Maine, qui semblent avoir des dispositions contraires.

Guyot, ibid. n. 21.

IX.

Celui qui n'est que seigneur en partie d'un fief, ne réunit que jusqu'à concurrence de la part qu'il possède dans le fief auquel il veut réunir; ainsi, s'il n'y possède qu'un tiers, il ne réunit que pour un tiers, & si par partage ou licitation la totalité du fief lui échet, la réunion du surplus n'aura lieu que de ce jour, parce que ce n'est que de ce jour qu'il peut réunir le tout.

Ibid. n. 22. *Duplessis, suprà cit.*

M

X.

10. Le grévé de fubfti-tution réunit-il ?

Le grévé de fubſtitution, s'il acquiert dans la mouvance du fief fubſtitué, ne réunit point ; parce qu'il vit comme propriétaire, excepté qu'il ne peut aliéner, & meurt ufufruitier.

Ibid. n. 28.

X I.

11. *Quid,* de l'héritier bénéficiaire ?

Il en eſt de même de l'héritier bénéficiaire ; parce que fa propriété n'eſt pas complette, étant toujours prochaine de l'éviction.

Id. n. 29.

X I I.

12. *Quid,* du haut-jufti-cier ?

Le haut jufticier qui acquiert par droit de juſtice, ne réunit pas, parce qu'il n'acquiert pas en confidération du fief.

Id. chap. 3. n. 12. Dupleſſis, fuprà cit.

X I I I.

13. Le fei-gneur de fief,

Dans les coutumes qui admettent le franc-aleu sans titre , si le propriétaire d'un fief acquiert un franc-aleu, noble ou roturier, la réunion n'a point lieu, parce que le franc-aleu n'est point censé avoir fait partie du fief de l'acquéreur : il y auroit cependant réunion, s'il le comprenoit dans son dénombrement, comme plein fief ; ou que l'héritier en fît hommage avec son fief, comme d'un plein fief.

Guyot, chap. 4. n. 7.

X I V.

La réunion, pendant le mariage, se fait de trois façons, quand il y a communauté. La première , quand les conjoints ayant acquis un fief, acquièrent ensuite le sous-fief ou la roture en dépendant , *aut vice versâ :* dans ce premier cas, si en acquérant, le mari ne fait point de déclaration, il réunit, & le partage de cette portion de communauté se fera comme féodal. La seconde, quand le mari ayant un fief propre, acquiert le sous-fief ou la roture en dépendant, *aut vice versâ :* dans ce deuxième cas, il faut, si le mari n'a pas fait de déclaration, attendre la dissolution de la communauté, pour savoir s'il y aura réunion. Si la femme renonce, la réunion est de droit, de même que si elle accepte la communauté, & que par le partage elle n'ait rien dans le bien acquis. Si au contraire ce bien acquis se partage entre la femme & les héritiers du mari, ceux-ci réunissent la partie qui leur en échet : celle qui échet à la femme, n'est point réunie ; parce que pour opérer la réunion, il faut que les deux parties soient dans la même main. La troisième, quand la femme ayant un fief propre, les conjoints acquièrent le

fous-fief ou la roture en dépendant , *aut vice versâ :* dans ce
troisième cas , la décision est la
même que pour le deuxième.

Le Brun , des successions, liv. 2. chap.
2. sect. 1. n. 63. Poquet de Livonières.
traité des fiefs , liv. 2. chap. 2. sect. 2.
Guyot, chap. 4. dist. 3. n. 1. & suiv.

CHAPITRE XV.

Des Châteaux.

1. Qui peut avoir un château fort?

2. Un seigneur peut-il empêcher ses vassaux de mettre des girouettes sur leurs maisons?

3. Origine du droit de guet & de garde.

4. A-t-il encore lieu aujourd'hui?

5. Les forains sont-ils obligés de contribuer aux réparations du château?

6. Ce qui forme un château.

I.

1. Qui peut avoir un château fort?

IL n'y a que les seigneurs châtelains & autres seigneurs supérieurs qui aient droit d'avoir un château fort. Les seigneurs de fief, même ayant justice, n'en peuvent construire, à moins que ce ne soit pour la sûreté & décoration de leurs maisons, & qu'il n'ait pas la forme d'un château dominant.

Code rural, chap. 6. n. 4.

I I.

Les seigneurs ne peuvent empêcher leurs vassaux & sujets de mettre des girouettes sur leurs bâtimens. Quelques-uns exceptent les girouettes quarrées, que l'on prétend être des marques de seigneurie ; apparemment parce qu'elles sont en forme de bannière.

2. Un seigneur peut-il empêcher ses vassaux de mettre des girouettes sur leurs maisons?

Ibid. n. 5.

I I I.

Autrefois les seigneurs qui avoient droit d'avoir des châteaux & forteresses, profitèrent du malheur des guerres, pour soumettre les habitans de leur seigneurie à se mettre à couvert des invasions ; à cet effet, ils traitèrent avec leurs justiciables, & promirent de leur donner asile dans leurs châteaux,

3. Origine du droit de guet & de garde.

& y renfermer leurs meubles, beſtiaux & effets; au moyen de quoi, les habitans s'obligèrent de contribuer aux réparations de ces châteaux, & d'y faire eux-mêmes guet & garde, ou à payer au ſeigneur un droit appellé vingtain ou ſauvement, qui conſiſtoit dans une partie des bleds & vins qu'ils recueilloient dans leur territoire.

Frémainville, des terriers, tom. 2. chap. 2. ſect. 15. queſt. 15.

I V.

4. A-t-il encore lieu aujourd'hui?

Le droit de guet & de garde n'a plus guère lieu aujourd'hui que ſur les frontières, encore faut-il que le roi l'ordonne; à l'égard du ſauvement, ce droit dépend de la diſpoſition des coutumes, ou des titres qui l'admettent.

V.

5. Les forains ſont-ils obligés de contribuer aux répara-

Les forains qui n'ont point d'habitation, mais quelques terres, ne ſont point tenus de contribuer

aux

aux réparations du château du seigneur.^{tions du château ?}

Arrêt du 1. Juin 1619. rapporté par Henris, tom. 2. liv. 3. quest. 27. Autre du 1. Février 1658.

V I.

Ce qui forme un château, proprement dit, c'est une basse-cour fortifiée de fossés, pont-levis, avec une grosse tour quarrée, & un moulin à bras au-dedans. Le seigneur châtelain qui n'a point de château, peut, quand bon lui semble, en faire construire un, sans que ses sujets puissent l'en empêher.

Code rural, loco cit. n. 2.

CHAPITRE XVI.

Du Cens.

1. Qu'eſt-ce que le cens?
2. Combien de ſortes de cens?
3. Qu'eſt-ce que le chef-cens?
4 Qu'eſt-ce que le ſurcens?
5. Cens ſur cens ne vaut.
6. Le cens eſt-il diviſible?
7. Produit-il lods & ventes?
8. Le cenſitaire peut-il retenir le vingtième?
9. Quand doit ſe payer le cens?
10. Coutumes où l'amende n'a pas lieu.
11. Comment doit ſe payer le cens?
12. Le cens eſt-il preſcriptible?
13. Peut-on obtenir des lettres d'état pour ſurſeoir les procès au ſujet du paiement du cens?
14. Combien peut-on demander d'années d'arrérages du cens?

15. *Que doit faire le seigneur pour en être payé ?*

16. *Que doit faire le censitaire pour avoir main-levée de la saisie ?*

17. *Le cens est-il un droit réel ?*

18. *Comment se perçoit le cens ?*

19. *Qu'entend-on par cueilleret ?*

20. *Quelle en doit être la forme ?*

21. *Faut-il s'opposer aux criées ?*

I.

LE cens est une redevance seigneuriale, foncière & perpétuelle, non rachetable, dont l'héritage censif est chargé envers le fief ou le franc-aleu duquel il est mouvant.

1. Qu'est-ce que le cens ?

Duplessis, sur Paris, du cens, chap. 1.

II.

Il y a deux sortes de cens, le chef-cens & le surcens.

2. Combien de sortes de cens ?

III.

Le chef-cens est celui qui est dû en reconnoissance de la directe seigneurie, & de la concession originaire de l'héritage.

3. Qu'est-ce que le chef-cens ?

Dumoulin, §. 51. hodiè. 73. gl. 1. n. 3. & 15.

I V.

4. Qu'est-ce que le sur-cens?

Le surcens est celui qui est ajouté au cens, & n'est réputé qu'une simple rente foncière. *Ibid.*

V.

5. Cens sur cens ne vaut.

De droit commun, cens sur cens ne vaut; c'est-à-dire, que l'on ne reconnoît que le cens primitif qui est le chef-cens.

V I.

6. Le cens est-il divisible?

Le cens est de sa nature indivisible, s'il n'y a coutume au contraire.

Loyseau, liv. 2. de l'action mixte, chap. 11. n. 13.

V I I.

7. Produit-il lods & ventes?

Le cens, *id est*, le chef-cens, produit lods & ventes, s'il n'y a coutume au contraire.

Dumoulin, suprà cit.

V I I I.

8. Le censitaire peut-il

Le censitaire doit payer le

cens, sans aucune retenue du dixième, vingtième, &c.

Arrêt du conseil, du 13. *Octobre* 1750.

I X.

Le censitaire est obligé de payer le cens au jour nommé, faute de quoi, il est amendable ; mais il ne doit pas autant d'amendes qu'il y a d'années d'arrérages ; il n'y en a qu'une pour toutes les années, s'il n'y a coutume au contraire.

Thourette, sur l'art. 56. *de la coutume du Montfort. Brodeau, sur Louet, verbo* amende, *som.* 3. *n.* 1. *Arrêt du* 24. *Juillet* 1700. *pour la coutume de Vitry, au journal des audiences, tom.* 5.

X.

Dans la coutume de Bar, art. 58. & celle de Lorraine, art. 5. tit. 16. le défaut de paiement du cens n'emporte point amende, s'il n'y a titre ou possession au contraire.

X I.

11. Comment doit se payer le cens?

Un cens établi en eſpèce, quoique payé en argent pendant ſoixante ans, doit ſe payer en eſpèce.

Arrêt du 12. Mai 1581. rapporté par Tournel. Autre du 8. Mars 1612. rapporté par Labé.

X I I.

12. Le cens eſt-il preſcriptible?

Le cens *in ſe* eſt impreſcriptible, mais la quotité s'en preſcrit. Le ſurcens eſt preſcriptible. Dans les coutumes de Bourbonnois, art. 22. & Saint Mihiel, tit. 10. art. 8. le cens eſt preſcriptible.

X I I I.

13. Peut-on obtenir des lettres d'état pour ſurſeoir les procès au ſujet du paiement du cens?

Les lettres d'état ne peuvent ſurſeoir les procès, pourſuites & jugemens concernant le paiement des cens.

Déclaration du Roi de 1702. art. 23.

X I V.

14. Combien peut-on demander

De droit commun, on ne peut demander que vingt-neuf années

d'arrérages du cens qui est portable, s'il n'y a coutume au contraire.

d'années d'arrérages du cens?

X V.

Faute de paiement du cens, le seigneur peut faire procéder à la saisie des fruits pendans sur l'héritage sujet au cens : cette saisie ne peut se faire qu'en conséquence de l'ordonnance du juge.

15. Que doit faire le seigneur pour en être payé?

Duplessis, sur Paris, du cens, chap. 2.

X V I.

Quand cette saisie est faite faute de paiement des arrérages, le censitaire ne peut obtenir la main-levée provisoire, qu'en consignant entre les mains du saisissant, trois années d'arrérages.

16. Que doit faire le censitaire pour avoir main-levée de la saisie ?

Ordonnance de Charles IX. de 1563.

X V I I.

Le cens est réel, en sorte que le détenteur de l'héritage en est déchargé, en déguerpissant & en

17. Le cens est-il un droit réel?

payant les arrérages dus au jour du déguerpiſſement.

Loyſeau, du déguerpiſſement, chap. 5.

XVIII.

18. Comment ſe perçoit le cens ? Les cens ſe perçoivent ordinairement ſur des cueillerets.

XIX.

19. Qu'entend-on par cueilleret ? Le cueilleret eſt un livre de recette des cens & autres redevances ſeigneuriales.

XX.

20. Quelle en doit être la forme ? Les cueillerets ne font foi en juſtice, qu'autant que la recette a été faite par des officiers de juſtice ; cependant, ſi ſans être revêtus de cette formalité, il ne s'y rencontroit aucune lacune, & qu'ils euſſent été faits avec ordre de date, ils opéreroient une forte préſomption en faveur du ſeigneur.

Dumoulin, ſur Paris, §. 8. n. 21. & 23.

X X I.

Il n'eſt point néceſſaire de s'oppoſer pour le cens aux criées de l'héritage ſaiſi réellement ; mais il faut s'oppoſer pour le ſur-cens.

Dupleſſis, des criées, in fine.

CHAPITRE XVII.

Du Champart.

1. Qu'est-ce que le champart ?
2. Quand est-il seigneurial ?
3. Quand emporte-t-il lods & ventes ?
4. Quand est-il prescriptible ?
5. Quand se perçoit-il ?
6. Est-il portable ?
7. Quand il est portable, où doit le porter le tenancier ?
8. Arrérage-t-il ?
9. Quelle est sa quotité ?
10. La complainte a-t-elle lieu pour le champart ?
11. Le tenancier est-il obligé de cultiver la terre sujette au champart ?
12. Le champart est-il dû dans les années où les terres se reposent ?
13. Quand le tenancier peut-il en-

lever les fruits de la terre sujette au champart ?

14. Comment se fait l'avertisse-ment ?

15. Quid, si le champart appartient à plusieurs seigneurs ?

16. A-t-il lieu sur les terres accrues par alluvion ?

I.

LE champart, qui en plusieurs endroits est appellé terrage, agrier, est une portion de fruits que le seigneur perçoit pour la concession faite par lui de quelque terrain.

1. Qu'est-ce que le champart?

Ubique.

I I.

Le champart n'est pas seigneurial, s'il ne tient lieu de cens : au contraire, s'il est avec un cens, il n'est pas seigneurial ; & dèslors il n'emporte pas directe seigneurie, & ne produit point de lods & ventes aux mutations, comme le cens.

2. Quand est-il seigneurial?

Ubique.

I I I.

3. Quand emporte-t-il lods & ventes ?

Pour que le champart emporte directe seigneurie & lods & ventes, il faut qu'il soit dû au seigneur foncier, c'est-à-dire qui peut donner à cens; & qu'il soit dû seul sur l'héritage : car il ne produit aucun de ces deux effets quand il est dû à tout autre qu'au seigneur foncier-censier.

Guyot, des fiefs, tome 4. du champart, sect. 3. n. 2.

I V.

4. Quand est-il prescriptible ?

Quand le champart n'est point seigneurial, il se prescrit, & il faut s'opposer au décret; *secùs*, s'il est seigneurial. La coutume d'Orléans, art. 480. dispense de l'opposition, quoique le champart ne soit point seigneurial.

Ibid. n. 3.

V.

5. Quand se perçoit-il ?

Le champart ne se lève qu'après la dixme, même inféodée,

& ne se perçoit que sur ce qui reste après la dixme payée. .

Ubique passim.

V I.

Le champart, soit seigneurial, soit non seigneurial, est quérable, & non portable, s'il n'y a titre ou coutume au contraire.

6. Est portable ?

Guyot, suprà cit. sect. 4. n. 3. Lalande, sur Orléans, 141.

V I I.

Dans les endroits où il est portable, le tenancier n'est jamais tenu de le porter hors l'étendue de la seigneurie dont est tenu l'héritage sujet à champart, s'il n'y a titre ou coutume au contraire.

7. Quand il est portable, où doit le porter le tenancier ?

Guyot, ibid. n. 6.

V I I I.

Le champart ne tombe point en arrérages ; parce qu'il se lève sur les fruits, & non sur le fonds, & que les fruits croissent & se consomment chaque année , à

8. Arrérage-t-il ?

moins qu'il n'y ait eu refus de
payer : dans ce cas, il arrérage
depuis la demande.

Ibid. n. 4.

I X.

9. Quelle est sa quotité?

La quotité du champart dépend des titres du seigneur, ou
de la disposition des coutumes.

Ibid. sect. 5. *n.* 1.

X.

10. La complainte a-t-lieu pour le champart?

La complainte a lieu en matière de complainte.

Arrêt du 5. *Mars* 1718. *au septième
vol. du journal des audiences.*

X I.

11. Le tenancier est-il obligé de cultiver la terre sujette au champart?

Le tenancier d'une terre sujette au champart, doit cultiver
la terre ; & il ne peut nuire au
droit du seigneur , soit en la laissant en friche , soit en changeant
la surface en fraude du seigneur.

Guyot , sect. 7. *n.* 1. *Chopin , sur Paris , liv.* 1. *tit.* 3. *n.* 20. *Lalande , sur
Orléans , tit.* 4.

X I I.

12 Le champart est-il dû

L'on ne doit point le champart des terres qui font en repos pour l'année fuivante, mais feulement de celles qui font enfemencées actuellement. *dans les années où les terres fe repofent?*

Guyot, ibid. n. 15.

X I I I.

Le détenteur de la terre fujette à champart, foit fermier ou propriétaire, ne peut enlever, à peine d'amende, les fruits fujets à ce droit, qu'il n'ait averti le feigneur ou fon commis, dans le temps réglé par l'ufage des lieux, de venir prendre & mettre à part fon champart. *13. Quand le tenancier peut-il enlever les fruits de la terre fujette au champart?*

1d. fect. 8. n. 1. Orléans, 141.

X I V.

L'ufage général eft que cet avertiffement fe faffe par le laboureur, en préfence de deux témoins. *14. Comment fe fait l'avertiffement?*

Boucheul, fur Poitou, art. 64. n. 13.

X V.

Si le champart appartenoit à *15. Quid, fi le champart*

appartient à
plusieurs sei-
gneurs?

plusieurs seigneurs, il suffiroit d'en avertir un pour tous.

Ibid. n. 4.

X V I.

16. A - t - il
lieu sur les
terres accrues
par alluvion?

Le champart a lieu sur les terres accrues par alluvion, à celles qui doivent ce droit, de même qu'il diminue sur celles qui sont diminuées par l'alluvion ; parce que c'est sur les fruits du fonds qu'il se perçoit, & que ce fonds accru par alluvion, est le même fonds avec celui auquel il est accru ; de même quand ce fonds est diminué, il en résulte une diminution de fruits, conséquemment du droit de champart.

Id. sect. 10.

CHAPITRE

CHAPITRE XVIII.

Des Dixmes inféodées.

1. Qu'est-ce que les dixmes inféc-
dées ?
2. Sont-elles dans le commerce ?
3. Doivent-elles être fondées en
titre ?
4. Combien de sortes de dixmes ?
5. Qu'entend-on par grosses dixmes ?
6. Quid, par menues & vertes
dixmes ?
7. Dans quel cas sont-elles regardées comme grosses dixmes ?
8. Peuvent-elles être inféodées ?
9. Quid, des novales ?
10. Sont-elles prescriptibles ?
11. Sur quoi se perçoit la dixme ?
12. Quand se perçoit-elle ?
13. Comment s'en règle la quotité ?
14. Dans quel temps les détenteurs

d'héritages peuvent-ils enlever les fruits sujets à la dixme ?

15. Les décimateurs peuvent-ils rompre les gerbes en cas de soupçon de fraude ?

16. Quand les dixmes inféodées contribuent-elles au paiement de la portion congrue ?

17. Comment contribuent-elles aux réparations des églises ?

18. Quid, quand une terre, qui produisoit des fruits décimables, est convertie en prés ou en bois qui ne sont point sujets à la dixme ?

19. Qui peut connoître de la dixme inféodée ?

20. Quid, quand il ne s'agit que d'arrérages ?

21. La dixme inféodée arrérage-t-elle ?

22. Est-elle prescriptible ?

23. Peut-elle être prescrite par l'église ?

24. Quand redevient-elle ecclésiastique ?

25. *Peut-on exiger la dixme des grains & fruits des arbres du méme champ ?*

26. *Combien dure l'action pour étre payé de la dixme ?*

27. *Quelles terres font exemptes de dixmes ?*

I.

LEs dixmes inféodées font celles qui font poffédées féodalement, & pour lefquelles le poffeffeur doit la foi & hommage à un feigneur, foit laïc, foit eccléfiaftique.

1. Qu'eft-ce que les dixmes inféodées ?

I I.

Les dixmes inféodées font dans le commerce, on les peut donner, vendre, échanger & hypothéquer, & font fujettes aux mêmes droits que les fiefs, pour les foi & hommage, aveux & dénombremens, relief, &c.

2. Sont-elles dans le commerce ?

Brodeau, fur Louet, lettre D. f. 9.

I I I.

Suivant l'édit de Juillet 1708.

3. Doivent-elles être fondées en titre ?

ceux qui peuvent juſtifier d'une jouiſſance paiſible de cent années avant cet édit, quand même ils n'auroient autres titres que les preuves de leur poſſeſſion des dixmes inféodées, y doivent être maintenus ; mais comme cet édit eſt burſal, pour pouvoir en exciper, il faut rapporter les quittances du droit qu'il établit, ſans quoi il faut juſtifier une poſſeſſion immémoriale, ſoutenue d'aveux & dénombremens, & titres anciens.

Brodeau, ibid.

I V.

4. Combien de ſortes de dixmes?

Il y a pluſieurs ſortes de dixmes: les groſſes, les menues, les vertes & les novales.

V.

5. Qu'entend-on par groſſes dixmes?

Les groſſes dixmes ſont celles qui ſe perçoivent ſur les fruits qui forment le revenu le plus conſidérable d'une paroiſſe, comme froment, ſeigle, orge & avoine.

VI.

Les menues & vertes dixmes font celles qui se perçoivent sur les pois, féves, lentilles, sainfoin, lin, chanvre, &c. Il y a encore les dixmes de charnage qui se perçoivent sur les cochons, agneaux, veaux, poulets, &c.

6. *Quid* par menues & vertes dixmes?

VII.

Si les menues dixmes occupent la plus grande partie du terrein de la paroisse, comme de plus du quart, elles font considérées comme grosses dixmes.

7. Dans quel cas font-elles regardées comme groffes dixmes.

Duperray, liv. 2. chap. 7. n. 10:

VIII.

Les grosses, les menues & vertes dixmes peuvent être posfédées à titre d'inféodation.

8. Peuventelles être inféodées?

Arrêt du 22. Décembre 1672. rapporté par La Combe, en son recueil de jurisprudence civile, verbo dixme.

IX.

Les novales font celles qui se perçoivent, ou sur des terres nou-

9. *Quid* des novales?

vellement défrichées , & qui ne l'avoient pas été anciennement , ou fur des terres anciennement défrichées , mais nouvellement chargées de fruits fujets à la dixme. Elles appartiennent de droit au curé.

Principes des dixmes , par de Jouy. chap. 1. n. 17.

X.

10. Sont-elles prefcriptibles?

Le propriétaire de dixmes inféodées , peut prefcrire les novales par quarante ans de poffeffion.

Brodeau , fur Louet , lettre D. fom. 53.

X I.

11. Sur quoi fe perçoit la dixme ?

Ce font les fruits & non les fonds qui doivent la dixme.

Ubique.

X I I.

12. Quand fe perçoit-elle ?

La dixme inféodée a le même privilége que la dixme eccléfiaftique , & fe lève avant le champart.

Ubique.

XIII.

La quotité de la dixme se règle par l'usage.

13. Comment s'en règle la quotité ?

XIV.

Les détenteurs d'héritages, sujets à la dixme, sont tenus de faire publier & afficher le jour pris pour dépouiller & enlever les fruits, le dimanche ou fête prochaine précédant ledit jour, & ne peuvent enlever les fruits, sans avoir préalablement payé ou laissé la dixme.

Ordonnance de Blois, art. 49. *Arrêt de règlement du* 12. *Juin* 1713.

14. Dans quel temps les détenteurs d'héritages peuvent-ils enlever les fruits sujets à la dixme ?

XV.

Il est défendu aux décimateurs de rompre les gerbes, à peine de tous dépens, dommages & intérêts, sauf à eux à se pourvoir par action, s'ils prétendent qu'il y ait de la fraude.

Arrêt du 3. *Juin* 1650. *rapporté par La Combe, suprà cit.*

15. Les décimateurs peuvent-ils rompre les gerbes en cas de soupçon de fraude ?

XVI.

16. Quand les dixmes inféodées contribuent-elles au paiement de la portion congrue?

Lorfque les dixmes eccléfiaftiques ne font pas fuffifantes pour le paiement de la portion congrue, elle doit être payée fubfidiairement fur les dixmes inféodées.

Déclaration du Roi de 1686.

XVII.

17. Comment contribuent-elles aux réparations des églifes?

Ceux qui poffèdent les dixmes inféodées, ne font tenus non plus que fubfidiairement, des réparations du chœur & cancel des églifes paroiffiales, & de l'achat des calices, ornemens & livres néceffaires.

Edit de 1695. art. 21.

XVIII.

18. *Quid*, quand une terre qui produifoit des fruits décimables, eft convertie en prés ou en bois qui ne font point fujets à la dixme?

Si une terre qui produifoit des fruits décimables, eft mife en prés ou en bois qui ne font pas fujets à la dixme, le décimateur ne pourra pas demander la dixme, à moins que par cette converfion, il n'y ait plus du tiers du terrein

de

de la paroisse converti : dans ce cas, l'excédent de ce tiers est sujet à la dixme.

Arrêt de la grand'chambre du 23. Avril 1714. Autre de 1734. au rapport de M. Delpech de Mérinville, rapporté par de Jouy, suprà cit. chap. 3. n. 43. & 44.

X I X.

Tout ce qui regarde l'inféodation, la complainte, la quotité & les dixmes insolites, est de la compétence du juge royal.

19. Qui peut connoître de la dixme inféodée ?

Ordonnance de 1303. & 1571. art. 16. Duperray, liv. 2. chap. 1. n. 13.

X X.

Mais quand le fonds de la dixme inféodée n'est pas contesté, & qu'il ne s'agit que d'arrérages, le juge du seigneur en peut connoître, comme revenu de fief.

20. *Quid*, quand il ne s'agit que d'arrérages ?

Ordonnance de 1667. tit. 24. art. 11.

X X I.

Les dixmes n'arréragent point : ainsi le décimateur n'en peut pré-

21. La dixme inféodée arrérage-t-elle ?

P

tendre les arrérages que du jour de fa demande.

Brodeau, fur Louet, lettre D. f. 9.

XXII.

22. Eft-elle prefcriptible?

La dixme eft imprefcriptible de la part de ceux qui la doivent : mais la quotité peut s'en prefcrire par trente ans d'une preftation uniforme contre laïcs.

Id. lettre C. f. 21.

XXIII.

23. Peut-elle être prefcrire par l'églife ?

L'églife peut prefcrire la dixme inféodée contre les feigneurs par une poffeffion de trente ans, ou autre délai réglé par la coutume du lieu ; & cette prefcription eft d'autant plus favorable, que c'eft un retour au droit commun.

Code rural, chap. 27. n. 6.

XXIV.

24. Quand redevient-elle eccléfiaftique ?

De quelque manière que les dixmes inféodées reviennent à l'églife, elles reprennent leur première nature de dixmes eccléfiaftiques.

Ibid. n. 7. De Jouy, chap. 2. n. 5. &
suiv.

X X V.

Dans les endroits où la dixme
se prend sur les fruits, pommes
ou poires, les décimateurs ne
peuvent la prétendre tout à la
fois des fruits que rapportent les
arbres, & des grains qui croissent
dessous ; ils ont la liberté d'opter,
même de changer tous les trois
ans dans le choix qu'ils ont fait,
si l'usage n'est pas contraire.

25. Peut-on exiger la dixme des grains & fruits des arbres du même champ ?

Arrêt du 27. Avril 1735. rapporté
par La Combe, suprà cit.

X X V I.

L'action des décimateurs contre les détenteurs d'héritages,
sujets à la dixme, est annale ;
en sorte qu'après l'année, la prescription est acquise, sans que le
détenteur soit obligé d'affirmer.

26. Combien dure l'action pour être payé de la dixme ?

Arrêt du 3. Août 1708. rendu sur
les conclusions de M. Joly de Fleury,
au cinquième volume du journal des
audiences.

XXVII.

3°. Quelles terres sont exemptes de dixmes? Les clos , parcs & jardins sont exempts de la dixme, s'il n'y a usage ou possession au contraire. Le domaine des cures , c'est-à-dire les terres de l'ancien domaine de la cure en sont aussi exemptes.

La Combe , suprà cit.

CHAPITRE XIX.

Des Bannalités.

1. *Définition de la bannalité,*

2. *Deux sortes de bannalités.*

3. *La bannalité dépend-elle de la justice ou du fief ?*

4. *Quelle sorte de titre faut-il pour établir la bannalité ?*

5. *Faut-il le consentement de tous les habitans ?*

6. *Qui peut avoir le droit de bannalité ?*

7. *Quel est l'objet de la bannalité de pressoir ?*

8. *Sur quoi s'en perçoit le droit ?*

9. *Quel est l'objet de la bannalité de moulin ?*

10. *Quid, lorsque l'on achéte hors l'étendue du terroir bannier, des*

grains que l'on rapporte en farine ?

11. *Les grains que l'on débite hors
la seigneurie, sont-ils sujets à
la bannalité ?*

12. *Les sujets banniers sont-ils
obligés de porter ou envoyer leurs
grains au moulin bannal ?*

13. *Dans quel temps les grains
que l'on y apporte, doivent-ils
être moulus ?*

14. *Le meunier peut-il faire moudre
l'un avant l'autre par préférence ?*

15. *Le seigneur doit-il fournir un
chemin pour arriver au moulin
bannal ?*

16. *Quid, lorsque le sujet bannier, pris en fraude, soutient
avoir attendu vingt-quatre heures au moulin ?*

17. *Un seigneur peut-il empêcher
de bâtir un moulin dans sa
terre ?*

18. *Un seigneur qui n'a pas droit de bannalité, peut-il empécher les meuniers voisins de chasser dans sa terre ?*

19. *Lorsque le four est bannal, les particuliers peuvent-ils avoir des fours chez eux ?*

20. *Exception.*

21. *Peut-on entrer dans les maisons pour y faire perquisition des farines ?*

22. *Comment se règle le droit de pressurage, de fournage & de moutoure ?*

23. *Quid, lorsque le seigneur ne tient pas en état ses pressoir, four & moulin ?*

24. *Quid, lorsque les meuniers ou fourniers gâtent les farines & pâtes ?*

25. *Les nobles sont-ils exempts de bannalité de moulin ?*

26. *Le droit de bannalité est-il prescriptible ?*

27. Quid, *lorsqu'un habitant con-*
teste le droit de bannalité ?

I.

PAr bannalité on entend l'obligation où sont les sujets d'un
seigneur de faire cuire leur pain
à son four, de faire moudre leurs
grains à son moulin, & de pres-
surer leurs raisins à son pressoir,
avec interdiction d'aller à d'autres fours, moulins & pressoirs,
ni d'en construire aucun dans l'é-
tendue du terroir bannier, & aux
meuniers voisins d'y venir chasser.
Ubique.

I I.

Il y a deux sortes de bannalités : les réelles & les personnelles.

La réelle est celle de pressoir.
Tous ceux qui ont des vignes
dans l'étendue du terroir bannier,
y sont sujets.

Les personnelles sont celles de
four & de moulin, auxquelles sont
assujettis seulement ceux qui ré-

fident dans l'étendue du terroir bannier.

En Provence les bannalités font réelles.

Ubique paſſim.

I I I.

Il y a quelques coutumes où les bannalités font un droit de juf- tice : comme Poitou, Anjou, An- goumois, &c. D'autres en font un droit de fief : comme La Mar- che, Bretagne, &c. Dans d'au- tres enfin, la bannalité ne peut avoir lieu fans titre.

Ubique.

3. La ban-
nalité dé-
pend-elle de
la juſtice ou
du fief ?

I V.

Dans les coutumes qui requiè- rent titre, il faut que celui fur lequel le feigneur fonde fon droit de bannalité, foit paſſé fans con- trainte par les habitans ; qu'il ait des caufes favorables & légiti- mes, comme un abandon de pâ- turages , d'ufages , ou autres caufes , comme l'affranchiſſe-

4. Quelle
forte de titre
faut-il pour
établir la
bannalité ?

ment d'une servitude bien établie.

Guyot, des fiefs, tome 1. des banna-
lités, chap. 4. sect. 1. n. 2.

V.

5. Faut-il le consentement de tous les habitans?

Le consentement des deux tiers des habitans suffit dans ce cas pour obliger l'autre tiers : mais il faut que dans ce nombre les plus aisés & les plus notables se trouvent compris.

Baquet, des droits de justice, chap.
29. n. 22. & 23. Despeisses, tome 3.
tit. 6. des justices. Le Grand, sur Troyes,
art. 64. n. 34. Guyot, suprà cit. n. 13.

V I.

6. Qui peut avoir le droit de bannalité?

Pour avoir droit de bannalité sur des habitans, il faut être seigneur de ces habitans. Un seigneur voisin ne peut assujettir les habitans de cette seigneurie à ces droits ; & si les habitans s'y soumettoient, leur seigneur seroit en droit de faire annuller le contrat.

Guyot, chap. 5. n. 1 & suiv. Brodeau, sur Paris, 71. n. 20.

V I I.

La bannalité de preſſoir eſt telle, que l'on peut contraindre tous ceux qui poſsèdent des vignes dans le territoire bannier, quels qu'ils ſoient, même les forains, à apporter leurs vendanges ſur le preſſoir, à peine de confiſcation & d'amende.

7. Quel eſt l'objet de la bannalité de preſſoir?

Guyot, chap. 9. n. 1.

V I I I.

L'uſage eſt que l'on n'apporte ſur le preſſoir bannal les raiſins, qu'après en avoir exprimé la mere-goutte : en ſorte que le droit ne ſe lève que ſur le vin qui ſort du preſſoir ; ou ſi c'eſt en argent, à raiſon de tant par chaque muid qui ſort du preſſoir.

8. Sur quoi s'en perçoit le droit?

Ibidem. n. 3.

I X.

Quant à la bannalité de moulin, elle n'a pour objet que ce

9. Quel eſt l'objet de la bannalité de moulin?

qui croît & se consomme dans la seigneurie , & s'y apporte pour y être consommé. Il en est de même des pâtes pour les fours. *Ibid. n.* 4.

X.

10. *Quid*, lorsque l'on achéte hors l'étendue du terroir bannier , des grains que l'on rapporte en farine ?

Si le sujet bannier achéte du grain , & le fait moudre avant que de le transporter sur le terroir bannier , il n'encourt aucune amende , ni confiscation de sa farine : c'est comme s'il avoit acheté de la farine ; ce qui lui est permis.

Chopin . sur Anjou , art. 14. *Guyot, suprà cit.*

X I.

11. Les grains que l'on débite hors la seigneurie , sont-ils sujets à la bannalité ?

Les grains achetés pour débiter ailleurs que dans la seigneurie, ne sont point sujets aux bannalités de moulins & de fours.

Les boulangers publics, qui vendent ailleurs, ne sont point sujets à moudre leurs grains ni cuire leurs pâtes aux moulins & fours bannaux ; mais ils sont tenus d'y porter les grains & pâtes destinées pour leur famille, ou pour vendre dans la seigneurie.

Arrêts pour les boulangers de Gonesse, des 18. Septembre 1563. & 30. Mai 1589. Autre de la quatrième des enquêtes, du 31. Juillet 1730. Duplessis, liv. 8. des fiefs, chap. 2.

XII.

Ceux qui sont soumis à la bannalité de moulin, quels qu'ils soient, doivent faire porter leurs grains au moulin bannal.

12. Les sujets banniers sont-ils obligés de porter ou envoyer leurs grains au moulin bannal ?

Arrêt du 1. Août 1730. au rapport de M. De Lesseville.

XIII.

Les grains doivent être moulus dans les vingt-quatre heures que le sujet bannier les a portés au moulin ; sinon le sujet peut aller ailleurs après ce temps, sans crainte de confiscation ni d'amende : & dans ce cas, le meunier doit rendre le grain, sans exiger aucun droit.

13. Dans quel temps les grains que l'on y apporte, doivent-ils être moulus ?

Guyot, chap. 9. n. 6. Baquet, chap. 29. n. 7. Arrêt du 10. Avril 1759. rendu au profit des seigneurs de Haucourt & Malancourt, contre les habitans.

X I V.

14. Le meunier peut-il faire moudre l'un avant l'autre par préférence ?

Le meunier doit faire moudre chaque particulier à son tour, sans préférence ; à l'exception du seigneur, qui doit être préféré.

Bretagne, art. 386.

X V.

15. Le seigneur doit-il fournir un chemin pour arriver au moulin bannal ?

Le seigneur bannier doit faire en sorte que les chemins & routes pour parvenir à son moulin, soient libres & pratiquables.

Arrêt du parlement de Bretagne, du 19. Octobre 1620. rapporté par Frain, quest. 72.

X V I.

16. *Quid*, lorsque le sujet bannier, pris en fraude, soutient avoir attendu 24 heures au moulin ?

Si le sujet est pris en fraude & soutient avoir été au moulin, mais avoir attendu les vingt-quatre heures, & s'oppose à la saisie, il doit avoir main-levée provisoire, en donnant caution.

*Guyot, chap. 9. n. 15. La Vilette,
sur Peronne, art. 14.*

XVII.

Il n'est permis à personne de bâtir moulin à eau sans permission du seigneur haut-justicier ou féodal, quand même ce seigneur n'auroit pas de moulin bannal.

17. Un seigneur peut-il empêcher de bâtir un moulin dans sa terre?

Baquet, chap. 29. n. 20. Le Grand, sur Troyes, 180. Brodeau, sur Louet, L. M. som. 17.

XVIII.

Le seigneur qui n'a pas droit de bannalité, ne peut empêcher les meuniers voisins de venir chasser sur sa terre.

18. Un seigneur, qui n'a pas droit de bannalité, peut-il empêcher les meuniers voisins de chasser dans sa terre?

Arrêt du 25. Mai 1561. rapporté par Chopin, sur Paris, liv. 1. tit. 2. n. 43. Autre du 28. Juin 1597. contre le cardinal de Gondy, rapporté par Tronçon, sur l'art. 72. de Paris. Ubique passim.

XIX.

Si le sujet bannier a un four chez lui, le seigneur a droit de le faire abattre; & si le sujet dénie qu'il ait

19. Lorsque le four est bannal, les particuliers peuvent-ils

avoir des fours chez eux ? un four, le feigneur peut demander la vifite.

Guyot, chap. 9. n. 8.

X X.

20. Exception. Les particuliers peuvent cependant avoir chez eux des petits fours pour la pâtifferie ; mais ils n'y doivent point cuire de pain.

Maichin, fur la coutume de Saint-Jean-d'Angeli, art. 3. chap. 1. n. 2. Guyot, fuprà cit. n. 9. Faifant, fur la cout. de Bourgogne tit. 13. art. 1.

X X I.

21. Peut-on entrer dans les maifons pour y faire perquifition des farines ? L'on ne peut entrer dans les maifons pour y faire perquifition des farines ou pâtes, & l'on ne peut confifquer que celles trouvées portées ou rapportées des moulins & fours non bannaux.

Guyot, ibid. n. 7.

X X I I.

22. Comment fe règle le droit de preffurage de fournage & de mouture ? Les droits de mouture, fournage & preffurage doivent fe percevoir conformément aux titres ou à la coutume.

XXIII.

XXIII.

Le seigneur doit tenir en bon état ses moulins, fours & pressoirs ; sans quoi les sujets banniers ne sont point tenus d'y aller pendant qu'ils ne sont point en état.

Ibid. n. 16.

XXIV.

Si les meuniers ou fourniers altèrent & gâtent les grains & pâtes des sujets banniers, le seigneur en est responsable ; & en cas de refus ou délai du seigneur de faire réparer le dommage, les sujets ne soint point tenus de retourner au four ou moulin, jusqu'à ce que le seigneur leur ait fait raison.

Maine, 25. *Anjou,* 26. *Etablissemens de saint Louis,* chap. 107. *&* 110.

XXV.

Les nobles & gens d'église sont sujets à la bannalité de pressoir, ils le sont aussi à celle de moulin

Q

s'il n'y a coutume au contraire : ils font exempts de celle de four.

Dupleſſis, ſur l'art. 71. de Paris. Brodeau, ſur le même art. n. 35. Ricard, ibid. Lalande, ſur Orléans, 100.

X X V I.

26. Le droit de bannalité eſt-il preſcriptible ?

Un ſujet bannier peut preſcrire par trente ans la bannalité contre ſon ſeigneur âgé & non privilégié. Il faut pour cela que deux conditions concourent. 1°. Que pendant ce temps le ſeigneur ait eu ſes moulins, fours & preſſoirs en état de travailler. 2°. Que le ſujet qui réclame ſa liberté, ait au vû & ſû du ſeigneur été à autres moulins, fours & preſſoirs pendant trente ans ; c'eſt-à-dire, que le ſeigneur n'ait pu vraiſemblablement l'ignorer, & qu'il demeure en un lieu où le ſeigneur pouvoit le contraindre.

Poquet de Livonière, traité des fiefs. liv. 6. chap. 6. Lelet, ſur Poitou, art. 38. Brodeau, ſur Paris, art. 71. n. 31.

XXVII.

Quand un habitant conteste au seigneur le droit de bannalité *in se*, il faut mettre les habitans en cause, parce que la confirmation ou l'anéantissement de ce droit intéresse toute la communauté.

27. Quid, lorsqu'un habitant conteste le droit de bannalité?

Guyot, *chap.* 7. *n.* 13. *Baquet*, *chap.* 29. *n.* 14. *&* 17.

CHAPITRE XX.

Des Corvées.

1. *Définition des corvées.*
2. *Leur origine.*
3. *Combien de sortes de corvées ?*
4. *Qu'est-ce que les réelles ?*
5. *Qu'est-ce que les personnelles ?*
6. *Quel titre est requis pour établir des corvées ?*
7. *Qu'est-ce que les corvées à merci ?*
8. *Combien en est-il dû par an ?*
9. *Où sont dues les corvées ?*
10. *Le corvéable doit-il se nourrir ?*
11. *Quid, lorsqu'il est hors d'état de se nourrir ?*
12. *Doit-il se fournir d'outils ?*
13. *Quid, quand celui qui doit une corvée de charroi ou de bêtes, n'a ni l'un ni l'autre ?*

14. *Dans quel temps doivent se faire les corvées ?*

15. *Quand doit être averti le corvéable ?*

16. *Quand commence la journée du corvéable ?*

17. *Peut-on exiger des corvées où la vie est exposée ?*

18. *Quid, lorsque le corvéable est infirme ?*

19. *Quid, lorsqu'il demeure loin de l'endroit où il doit la corvée ?*

20. *Les corvées sont - elles dues sans demande ?*

21. *Arréragent-elles ?*

22. *Quid, lorsque le seigneur n'emploie pas dans la même année toutes celles qui lui sont dues ?*

23. *Les corvées peuvent-elles s'affermer ?*

24. *Entrent-elles en l'estimation d'une terre ?*

25. *Y a-t-il quelque exemption pour les corvées ?*

26. *Les corvées réelles se prescri-vent-elles ?*

27. Quid, *des personnelles ?*

I.

1. Définition des corvées.

LEs corvées sont tout ouvrage ou service, soit de corps ou de charrois & bêtes, pendant le jour, qui est dû à un seigneur, soit par droit de justice, soit par droit de fief, soit plus communément par convention expresse ou présumée, selon les titres que le seigneur rapporte, soit en conséquence d'un affranchissement, soit en conséquence de concession de communes, soit enfin en conséquence d'une concession d'héritages.

Guyot, tome 1. *des corvées, chap.* 2. *n.* 2.

II.

2. Leur origine.

Lorsque les seigneurs affranchirent leurs habitans de l'esclavage dans lequel ils les tenoient, ils leur imposèrent toutes sortes

de corvées, pour prix de la liberté
qu'ils leur accordoient.

Ibid. chap. 1. *n.* 18.

I I I.

On distingue communément
deux sortes de corvées : les réelles,
& les personnelles.

3. Combien de sortes de corvées ?

I V.

Les réelles sont celles qui sont
dues à la seigneurie par les fonds,
& à cause des fonds.

4. Qu'est-ce que les réelles ?

Id. chap. 1. *n.* 21.

V.

Les personnelles sont celles qui
sont dues par les habitans, par la
seule résidence dans la seigneurie
où elles sont dues.

5. Qu'est-ce que les personnelles ?

Ibid. n. 23.

V I.

Les corvées ne peuvent s'établir sur une communauté sans
titre causé pour affranchissement
d'une servitude universelle, à
laquelle les habitans avoient été
sujets auparavant, soit pour une

6. Quel titre est requis pour établir des corvées ?

conceſſion de pâturages ou de communes, dont la cauſe exiſte; ſoit pour quelque cauſe juſte & légitime. A défaut de titre conſtitutif, dans la coutume de Paris & ſes ſemblables, il faut des aveux très-anciens, qui l'expriment clairement, & qui ſoient avant la réformation de la coutume. Dans la coutume de Saint-Mihiel, tit. 10. article 7. elles peuvent s'acquérir par temps immémorial.

Id. chap. 3. n. 9.

V I I.

7. Qu'eſt-ce que les corvées à merci ?

Les corvées à volonté, ou à merci, ſont celles qui ſont dues autant & quand il plaît au ſeigneur.

Ubique.

V I I I.

2. Combien en eſt-il dû par an ?

Elles ſont limitées à douze par chacune année. Elles ſe doivent faire entre deux ſoleils; & on n'en peut prendre plus de trois à la fois.

Loiſel, liv. 6. tit. 6. régl. 7.

IX.

I X.

Les corvées ne font dues régulièrement que dans l'étendue
de la feigneurie, s'il n'y a titre
ou coutume au contraire.

Guyot, chap. 6. n. 1.

X.

Les corvéables dóivent fe nourrir, fi la coutume, l'ufage local,
ou le titre ne font contraires.

*Id. chap. 5. n. 2. Baquet, des droits
de juftice, chap. 29. n. 41. Dupleffis,
des fiefs, liv. 8. chap. 2.*

X I.

Cependant, fi le corvéable n'eft
pas en état de fe nourrir, le feigneur doit lui donner le temps
de gagner fa dépenfe, ou le
nourrir.

Guyot, ibid.

X I I.

Le corvéable doit fe fournir
d'outils & inftrumens néceffaires
à la corvée qu'il doit.

*Pontanus, fur Blois, art. 40. Lalan-
de, fur Orléans, art. 100.*

R

9. Où font dues les corvées ?

10. Le corvéable doit-il fe nourrir ?

11. Lorfqu'il eft hors d'état de fe nourrir ?

12. Doit-il fe fournir d'outils ?

XIII.

13. *Quid,* quand celui qui doit une corvée de charroi ou de bêtes, n'a ni l'un ni l'autre?

Celui qui doit une corvée de charroi ou de bêtes, s'il n'a ni l'un ni l'autre, il n'eſt pas tenu d'en emprunter ; il doit ſeulement la corvée de bras, telle qu'il la peut faire.

Arrêt du 18. Août 1671. rapporté par Bretonnier ſur Henris, tom. 1. liv. 3. queſt. 32.

XIV.

14. Dans quel temps doivent ſe faire les corvées?

Les corvées doivent être faites hors les temps de ſemence & de moiſſon. Cependant, ſi les titres portent corvée pour ſemer & pour faire la moiſſon, ces corvées doivent être faites ; mais de telle façon qu'elles ne gênent point les ſemences & récoltes publiques.

Guyot, chap. 9. n. 24. & 26.

XV.

15. Quand doit être averti le corvéable?

Le corvéable doit être averti deux jours auparavant, de faire la corvée.

Arrêt de 1560. rapporté par Bou-

rot. *La Rocheflavin, des droits seigneu-riaux, chap. 3. n. 1. Le Grand, sur Troyes, art. 64.*

X V I.

La journée du corvéable doit commencer au soleil levant & finir au soleil couchant.

Arrêt du 18. Août 1671. rapporté par Henris.

16. Quand commence la journée du corvéable?

X V I I.

On ne peut exiger de corvées, où il y a péril de la vie pour les faire.

De oper. libert. l. 16. & 38.

17. Peut-on exiger des corvées où la vie est expofée?

X V I I I.

L'âge ou l'infirmité du corvéable est une excuse légitime : & quoique les corvées aient été demandées, elles ne s'arréragent pas pour cela, parce que le corvéable n'est point en demeure.

Ibid. l. 15. 16. & 34.

18. *Quid*, lorsque le corvéable est infirme?

X I X.

Si le corvéable demeure loin du seigneur, & qu'il lui faille un jour pour venir à la corvée, &

19. *Quid*, lorsqu'il demeure loin de l'endroit où il doit la corvée?

un jour pour s'en retourner, ces deux jours lui font comptés pour deux corvées.

Cod. l. 20. §. 1.

X X.

20. Les corvées font-elles dues fans demande ?

Les corvées ne font point dues fans demande précife, & elles ne tombent point en arrérages, quand elles n'ont point été demandées.

Guyot, chap. 8. *n.* 6. *Loifel, liv.* 6. *tit.* 6. *regl.* 10.

X X I.

21. Arréragent-elles ?

Mais quand elles ont été demandées, & qu'elles n'ont pas été faites, elles tombent en arrérages, & alors elles s'évaluent en argent.

Guyot, ibid. n. 7. & 12.

X X I I.

22. Quid, lorfque le feigneur n'emploie pas dans la même année toutes celles qui lui font dues ?

Lorfque le nombre des corvées dues, eft limité, fi le feigneur dans une année n'en a befoin que d'une partie, il ne peut fous ce prétexte demander l'eftimation de celles qui n'ont pas été faites, & il ne peut les remettre d'une année fur l'autre ; parce qu'elles périffent de droit, n'étant pas demandées.

Guyot, chap. 10. *n.* 17. *Bourbonnois,* 339.

XXIII.

Les corvées qui tendent au bien & à l'aménagement des terres du feigneur, peuvent entrer dans le bail qu'il fait de fon domaine, parce qu'en ce cas le fermier en ufe moins pour lui que pour le feigneur. *Secùs* de celles qui font dues perfonnellement au feigneur pour fon fervice perfonnel.

Ibid. chap. 11. *n.* 7.

23. Les corvées peuvent-elles s'affermer ?

XXIV.

Les corvées n'entrent point en l'eftimation des revenus d'une terre.

Arrêt du 7. *Septembre* 1641. *rap-*

24. Entrent-elles en l'eftimation d'une terre ?

porté par *Henris, tom.* 1. *liv.* 3. *ques-tion.* 33.

X X. V.

25. Y a-t-il quelque exemption pour les corvées?

Personne n'est exempt des corvées réelles ; l'ecclésiastique, le noble & le privilégié doivent fournir un homme , ou bien en payer l'estimation ; le forain la doit aussi : mais ils sont exempts des corvées personnelles.

Guyot, chap. 13. *n.* 3. *Loisel , liv.* 6. *tit.* 6. *regl.* 8.

X X V I.

26. Les corvées réelles se prescrivent-elles?

Les corvées réelles se prescrivent par trente ans, à moins que l'on ne prouve qu'elles sont dues à raison d'un affranchissement.

Coquille, dans ses instit. chap. des préscriptions.

X X V I I.

27. *Quid*, des personnelles?

A l'égard des corvées personnelles , elles ne se prescrivent que du jour du refus de fournir la corvée.

Guyot , chap. 4. *n.* 2.

CHAPITRE XXI.

Du Ban & Arrière-Ban.

1. *Qu'entend-on par ban & arrière-ban ?*
2. *Est-il une charge réelle du fief ?*
3. *Par qui est-il dû ?*
4. *Les bourgeois de Paris en sont exempts.*
5. *Comment se fait la convocation du ban & arrière-ban ?*

I.

PAr ban & arrière-ban, on entend la convocation que le roi fait faire à cri public, de tous les gentilshommes & autres tenant fiefs, pour le servir dans ses armées.

Dictionnaire de Trévoux, au mot ban.

I I.

Le ban & l'arrière-ban sont une charge réelle du fief, dont

1. Qu'entend-on par ban & arrière-ban ?

2. Est-il une charge réelle du fief?

R. ix

l'usufruitier & la douairière font tenus.

Brodeau, sur Paris, 40. n. 11. Baquet, des francs-fiefs, chap. 9. n. 7.

III.

3. Par qui est-il dû.

Tous gentilshommes & autres sujets au ban & arrière-ban, qui font en état de porter les armes, doivent faire le service : s'ils font hors d'état, ils doivent envoyer en leur place un quelqu'un capable de servir.

Ordonnance de Henri II. du 9. Février 1547. art. 1. rapportée par Guesnois, liv. 12. tit. 6.

IV.

4. Les bourgeois de Paris en font exempts.

Les bourgeois de Paris font exempts du ban & arrière-ban.

Ordonnance de Louis XI. du 9. Novembre 1465. confirmée par Louis XII. & Henri II.

V.

5. Comment se fait la convocation du ban & arrière-ban?

La convocation du ban & arrière-ban n'est plus aussi fréquente aujourd'hui, comme elle l'étoit autrefois. Lorsque le roi veut assembler la noblesse de son royaume pour le servir en guerre, il rend un édit qui règle ordinairement la forme & la durée du service.

CHAPITRE XXII.

Des Colombiers.

1. Combien de fortes de colombiers ?

2. Qui a droit de colombier ?

3. Appartient-il au haut-justicier?

4. Le seigneur féodal en a-t-il
le droit ?

5. Les particuliers peuvent-ils
avoir des volières ?

6. Un curé peut-il avoir des
pigeons ?

7. Qui a droit de demander la démolition d'une volière ?

8. Est-il permis de tirer sur les
pigeons ?

9. Les pigeons font-ils meubles ?

10. Peut-on en élever dans les
villes ?

I.

ON connoit ordinairement trois sortes de colombiers : celui qui a boulins depuis le raiz de chauffée jusqu'en haut ; celui qui est bâti sur piliers ; & celui qui est bâti sous le toît, & que l'on appelle communément volière.

1. Combien de sortes de colombiers ?

I I.

Quelques coutumes en font un droit de justice, d'autres un droit de fief, d'autres enfin un droit de justice & de fief.

2. Qui a droit de colombier ?

I I I.

Le général des coutumes est que le droit de colombier appartient au seigneur haut-justicier.

3. Appartient-il au haut-justicier ?

I V.

Le seigneur féodal a pareillement droit de colombier à pied ; mais outre sa censive, il faut qu'il ait des terres en domaine jusqu'à cinquante arpens.

4. Le seigneur féodal en a-t-il le droit ?

*Guyot , tom. 6. des colombiers ,
n. 18.*

V.

5. Les par-
culiers peu-
vent-ils avoir
des volières ?

Tout particulier qui a des terres en domaine , jufqu'à la concurrence de cinquante arpens de
terres labourables dans la même
paroiffe , peut avoir une volière
de cinq cens boulins.

*Arrêt du 5. Août 1738. pour la cou-
tume de Vitry.*

V I.

6. Un curé
peut-il avoir
des pigeons?

Quoiqu'un curé lève la dixme
fur plus de cinquante arpens , il
n'a pas pour cela le droit de colombier ni volière , s'il n'eft pas
propriétaire de cinquante arpens
de terres labourables.

*Arrêt du 7. Septembre 1739. au rap-
port de M. De Vougny. Auzanet , fur
Paris , art. 70.*

V I I.

7. Qui a
droit de de-
mander la dé-
molition d'u-
ne volière ?

Comme les coutumes donnent
primitivement au haut-jufticier,
ou au féodal, le droit de colombier , ils font feuls en droit de de-

mander la démolition ou la réduction d'une volière ou colombier : cependant, si la volière ou le colombier apportoit une incommodité notable aux habitans, ils seroient bien fondés à se pourvoir ; parce que le silence du seigneur, qui veut tolérer un particulier, ne doit pas l'emporter sur l'intérêt public.

Guyot, suprà cit. n. 26. Dupleßis, liv. 8. chap. 3.

V I I I.

Les pigeons font animaux domestiques ; & il est défendu de tirer sur eux, à peine d'être poursuivi comme voleur.

8. Est - il permis de tirer sur les pigeons ?

Ordonnance de Henri IV. du mois de Juillet 1607. *art.* 12.

I X.

Les pigeons qui font dans les colombiers à pied, font immeubles ; mais en volière, ils font meubles.

9. Les pigeons font-ils meubles ?

Dupleßis, sur l'art. 91. *de Paris.*

X.

10. Peut-on en élever dans les villes? Les règlemens de police défendent de nourrir des pigeons dans les villes, à cause du mauvais air que cela peut causer.

CHAPITRE XXIII.

Des Garennes.

1. *Combien de sortes de garennes ?*
2. *Peuvent-elles avoir lieu sans titre ?*
3. *Faut-il titre pour les garennes fermées ?*
4. *Celui qui en a le droit, peut-il augmenter sa garenne ?*
5. *Quid, lorsque les lapins causent du dégât ?*

I.

ON distingue deux sortes de garennes : les garennes ouvertes ; & les garennes fermées de murs, ou fossés remplis d'eau.

II.

Il est défendu à toutes personnes d'établir une garenne ouverte sans titre, à peine de cinq cens livres d'amende.

1. Combien de sortes de garennes ?

2. Peuvent-elles avoir lieu sans titre ?

Ordonnance de 1669. *tit.* 30. *art.* 19.

I I I.

3. Faut-il titre pour les garennes fermées ?

Tout seigneur de fief peut avoir sans titre ou permission, une garenne fermée, de façon que les lapins ne puissent vaguer dehors ; les roturiers n'ont pas le même droit.

Guyot, tom. 6. *des garennes, n.* 5.

I V.

4. Celui qui en a le droit, peut-il augmenter sa garenne ?

Le haut-justicier ou le féodal qui a droit de garenne ouverte, ne peut accroître sa garenne sans lettres expresses du roi, & sans entendre les habitans sur l'accroissement demandé. Si cette garenne causoit un préjudice notoire, les habitans seroient bien fondés à s'opposer à l'enregistrement des lettres.

Guyot, ibid.

V.

5. *Quid,* lorsque les lapins causent du dégât.

Quand les lapins causent un dégât trop considérable, les propriétaires des garennes doivent

indemnifer

indemnifer ceux qui en fouffrent, & doivenr reftraindre le nombre des lapins, de façon que les ter- res voifines n'en foient pas en- dommagées.

Arrêts de 1624. & du 22. Juil- let 1631. rapportés par Vrévin, fur l'art. 143. de la coutume de Chauny.

CHAPITRE XXIV.

De la Chasse.

1. *A qui appartient le droit de chasse?*
2. *Où les hauts-justiciers peuvent-ils chasser?*
3. *Le dominant peut-il chasser sur les terres de ses vassaux?*
4. *Quel est le temps prohibé pour la chasse?*
5. *La chasse du cerf & de la biche défendue.*
6. *Celle aux petits oiseaux est-elle permise à un chacun?*
7. *Le droit de chasse ne peut s'affermer.*
8. *Secùs de celle aux oiseaux de passage.*
9. *Les seigneurs peuvent commettre des gardes de chasse.*

10. *Est-il permis de désarmer un chasseur ?*

11. *Défenses de tirer avec la grenaille de fer.*

12. *Armes brisées prohibées.*

13. *Défenses de détruire les nids de cailles & de perdrix.*

14. *Il est aussi défendu de tendre des lacs.*

15. *Défenses aux laboureurs d'avoir des chiens qui n'ont pas le jaret coupé.*

16. *Chasse aux chiens couchans défendue.*

17. *Peut-on suivre un gibier sur la terre d'autrui ?*

18. *Chasse défendue aux ecclésiastiques.*

19. *Aussi aux roturiers.*

20. *Quid, lorsque la chasse appartient à des dames ou à des personnes hors d'état d'user par elles-mêmes du droit de chasse ?*

I.

LE droit de chasse est un droit domanial & féodal : il appartient essentiellement au seigneur du fief ; parce que tout le terrein qui compose un fief, appartient en propriété utile & en propriété directe au seigneur du fief : d'où il résulte que le gibier qui est nourri sur sa terre, est un fruit de sa terre.

Guyot, institutes féodales, chap. 23. n. 8. Loysel, inst. cout. liv. 2. tit. 2. règl. 51.

I I.

Le seigneur haut-justicier, ayant censive ou non, peut chasser dans l'étendue de sa haute justice, quoique le fief en appartienne à un autre, sans néanmoins qu'il puisse y envoyer chasser aucun de ses domestiques ni autres personnes de sa part, ni empêcher le propriétaire du fief, ses enfans, amis ou chasseurs de

chasser dans l'étendue de son fief.
Lorsque la haute justice est divisée entre plusieurs, celui qui a la principale portion, ou celle qui procède du partage de l'aîné, a seul ce droit à l'exclusion des autres cojusticiers qui n'ont point part au fief.

Ordonnance de 1669. *tit.* 30. *art.* 26. *&* 27.

I I I.

Le dominant n'a pas droit de chasse sur les fiefs de ses vassaux, à moins qu'il n'en ait titre exprès.

3. Le dominant peut-il chasser sur les terres de ses vassaux ?

Guyot, suprà cit. Arrêt du 16. *Mai* 1724. *rapporté au* 1. *tom. du code des chasses.*

I V.

Toutes personnes ayant droit de chasse, ne peuvent chasser sur les terres ensemencées, depuis que le bled est en tuyau, jusqu'après la dépouille ; & dans les vignes, depuis le premier Mai, jusqu'après les vendanges.

4. Quel est le temps prohibé pour la chasse ?

Ordonnance de 1669. tit. des chaſ-
ſes, art. 18.

V.

5. La chaſſe du cerf & de la biche dé-fendue.

Les ſeigneurs, & autres ayant droit de chaſſe, ne peuvent tirer ſur le cerf, la biche & le faon.

Ibid. art. 15.

V I.

6. Celle aux petits oiſeaux eſt-elle per-miſe à un chacun ?

Il eſt défendu de tendre aux petits oiſeaux, ſans la permiſſion des ſeigneurs ou de leurs officiers.

Règlement de la table de marbre à Paris, du 13. Avril 1600. art. 1.

V I I.

7. Le droit de chaſſe ne peut s'affer-mer.

La chaſſe étant regardée comme un droit honorifique, elle ne peut être affermée.

Gallou, ſur l'art. 27. du tit. 30. de l'ordonnance de 1669. en rapporte pluſieurs arrêts : un du 23. Décembre 1671. un du 22. Juin 1672. & deux jugemens de la table de marbre, du 29. Mai 1677. & 4. Février 1682. Voyez auſſi le code des chaſſes.

V I I I.

8. Si elle de

On peut cependant affermer

la chasse aux oiseaux de passage.

Arrêt du conseil, du 21. Mai 1737. pour le fermier des domaines de Sedan.

celle aux oiseaux de passage.

I X.

Les seigneurs qui ont droit de chasse, peuvent commettre un ou plusieurs gardes pour la conservation de leur chasse ; mais ces gardes ne peuvent faire de fonction qu'après une information de vie & mœurs, suivie d'une prestation de serment.

9. Les seigneurs peuvent commettre des gardes de chasse.

Ordonnance de 1669. tit. 10. article 2.

X.

Il n'est pas permis aux gardes de chasse de désarmer les chasseurs ; ils doivent se contenter de dresser leurs procès verbaux.

10. Est-il permis de désarmer un chasseur?

Frémainville, pratique des terriers, tom. 4. in fine, en rapporte plusieurs autorités, quest. 16.

X I.

Il est défendu à tous tireurs de se servir de grenaille de fer pour la chasse, & à tous marchands

11. Défenses de tirer avec la grenaille de fer.

du royaume d'en vendre & débiter, à peine d'amende & de confiscation.

Arrêt du conseil du 31. Août 1700. Autre du 4. Septembre 1731.

XII.

12. Armes brisées prohibées.

Il est défendu à toutes personnes, sans distinction de qualité, de porter des armes brisées, à peine de cent livres d'amende & de confiscation, & de punition corporelle contre les ouvriers qui les auront fabriquées.

Ordonnance de 1669. suprà cit. article 3.

XIII.

13. Défenses de détruire les nids de cailles & de perdrix.

Il est de même défendu de détruire les œufs de caille, perdrix & faisans, à peine de cent livres d'amende pour la première fois, du double pour la seconde, & du fouet, & bannissement pendant cinq ans pour la troisième.

Ibid. art. 8.

XIV.

X I V.

Il est également défendu de tendre des lacs, à peine du fouet & de trente livres d'amende.

Ibid. art. 12.

X V.

Il est aussi défendu aux laboureurs de mener & d'avoir des chiens, s'ils n'ont le jaret coupé, ainsi qu'aux bergers, à moins qu'ils ne soient tenus en lesse.

Ordonnance de Henri IV. du mois de Juillet 1607. *art.* 7.

X V I.

La chasse aux chiens couchans est défendue en tous lieux & en tous temps ; elle est cependant aujourd'hui le plus en usage, parce qu'elle est moins fatiguante & plus agréable que les autres. Il ne s'agit que d'empêcher l'abus d'un usage qui est devenu universel.

X V I I.

Celui qui lève un gibier dans

gibier sur la terre d'autrui ?

sa terre, peut le suivre sur une autre terre, pourvû qu'il n'en résulte aucun abus ni dommage.

Baquet, des droits de justice, chap. 34. n. 13. La Rocheflavin, des droits seigneuriaux, chap. 28. art. 8. Coutume du comté de Bourgogne, article 105. Loix forestières, sur le titre des chasses, in fine.

X V I I I.

18. Chasse défendue aux ecclésiastiques.

Les ecclésiastiques qui sont hauts-justiciers ou seigneurs de fiefs, ne peuvent chasser en personne ; cela leur est défendu par les canons : mais ils doivent commettre une personne, telle qu'ils aviseront, pour chasser, à condition que celui qui sera par eux commis, sera tenu de faire registrer sa commission au greffe de la maîtrise des eaux & forêts du ressort.

Déclaration du roi, du 27. Juillet 1701. art. 3.

X I X.

19. Aussi aux roturiers ?

Il est défendu à tous roturiers

non possédant fiefs , seigneuries & haute justice,de chasser en quelque lieu & sur quelque sorte de gibier que ce puisse être , à peine de cent livres d'amende.

Ordonnance de 1669. *des chasses , article* 28.

X X.

Les dames qui ne peuvent chasser elles - mêmes , ainsi que les gentilshommes incommodés par blessure & vieillesse,doivent commettre un chasseur , suivant les formalités prescrites par la déclaration de 1701.

20. *Quid*, lorsque la chasse appartient à des dames , ou à des personnes hors d'état d'user par elles-mêmes du droit de chasse ?

Arrêt du conseil , du 22. *Octobre* 1722.

CHAPITRE XXV.

Des Rivières , Ruisseaux, Pêche, Péages & Etangs.

1. *A qui appartiennent les fleuves & rivières navigables ?*

2. *A qui appartiennent les rivières non navigables ?*

3. *Quid , lorsque ces rivières sont entre deux seigneuries ?*

4. *Peut-on y bâtir un moulin sans la permission du seigneur ?*

5. *Peut - on y faire rouir du chanvre ?*

6. *Peut-on en détourner l'eau ?*

7. *Le propriétaire de la source peut-il en arrêter le cours ?*

8. *Les seigneurs qui ont droit de pêche sur les rivières navigables, y ont-ils jurisdiction ?*

9. *Par qui peuvent-ils faire pêcher ?*

I.

LEs fleuves & rivières navigables, ainfi que les ifles qui s'y forment, appartiennent en propriété au roi, de même que le droit de pêche; à moins que

1. A qui appartiennent les fleuves & rivières navigables?

quelques particuliers n'en jouiſ-
ſent en vertu de titres & poſſeſſion valable.

Ordonnance de 1669. *tit.* 27. *art.*
41. *Baquet, des droits de juſtice, chap.*
30. *n.* 5.

II.

2. A qui appartiennent les rivières non navigables?

Les petites rivières non navigables, & les iſles qui s'y forment, ſont généralement un
droit de fief; quelques coutumes
en font un droit de juſtice. Le
ſeigneur haut-juſticier peut y
avoir la police; mais la propriété
qui emporte droit de moulin &
de pêche excluſif, appartient au
féodal, qui peut uſer de cette
eau, & la détourner pour abreuver ſes prés, ſans la permiſſion du
juſticier.

Guyot, des fiefs, tom. 6. *chap. des*
rivières, n. 2. *&* 3.

III.

3. *Quid*, lorſque ces rivières ſont

Soit que les coutumes donnent ces rivières au haut-juſti-

cier, soit qu'elles les donnent au féodal, ces seigneurs ne l'ont que vis-à-vis & dans l'étendue de leur justice ou fief : s'ils n'ont qu'un bord de la rivière, & qu'il y ait un seigneur à l'opposite, le fil de l'eau partage la propriété de la rivière, en sorte que chacun n'y a droit de pêche & de moulin, ainsi que d'autres droits, que vis-à-vis son bord jusqu'au fil de l'eau.

Ibidem, n. 6.

I V.

Le droit de bâtir moulin sur ces petites rivières, appartenant au seigneur soit justicier, soit féodal, ainsi que le droit de pê-che, ce qui dépend des coutu-mes, personne ne peut bâtir mou-lins à eau sur ces petites rivières, sans la permission de celui qui en est seigneur ; de même personne n'a droit d'y pêcher sans sa per-mission.

Ibid. n. 7.

T iv

V.

5. Peut-on y faire rouir du chanvre ?

Il n'est permis à personne d'y rouir lins & chanvres, ni autres choses, sans la permission du seigneur ; parce que cela gâte l'eau & peut faire tort au poisson.

Amiens, art. 243. Arrêt du 26. Juillet 1557. rapporté par Gallou, sur l'art. 18. du tit. 25. de l'ordonnance de 1669. Autre du 11. Septembre 1725. rapporté dans les loix forestières, sur cet article.

V I.

6. Peut-on en détourner l'eau ?

Le droit de détourner l'eau par des saignées & coupures, que l'on fait sur le bord pour abreuver les prés, est un droit dépendant du droit de cours-d'eau.

Guyot, suprà cit. n. 8.

V I I.

7. Le propriétaire de la source peut-il en arrêter le cours ?

Le propriétaire ni de la source, ni du fonds ou fief supérieur, ne peut la détourner à forfait ; dès qu'elle est rivière, elle est au public en sortant du fonds ou fief où elle prend sa source : il peut bien la détourner pour abreuver ses prés, & la rendre dans son ancien lit, en sortant de ses prés ; mais non la détourner entièrement au préjudice des seigneurs inférieurs, qui dans leur fonds ont un pareil droit sur cette eau publique, que le seigneur du fief ou de la justice supérieure.

Ibid. n. 10.

V I I I.

Les seigneurs qui ont droit de pêche sur les fleuves & rivières navigables, n'y ont pour cela aucune jurisdiction, elle appartient aux officiers de la maîtrise de la situation de ces rivières.

8. Les seigneurs qui ont droit de pêche sur les rivières navigables, y ont-ils jurisdiction?

Ordonnance de 1669. *tit.* 31. *article* 22.

I X.

Lorsqu'un seigneur haut-justicier a droit de pêche dans une rivière navigable, celui à qui il la loue, doit se faire recevoir maître pêcheur en la maîtrise du res-

9. Par qui peuvent-ils faire pêcher?

fort, & fes filets doivent être marqués, à peine de cinquante livres d'amende.

Ibid. art. 1. *&* 13.

X.

10. Quels font les temps prohibés pour la pêche ?

La pêche eft défendue pendant la fraie : favoir, aux rivières où la truite abonde fur tous les autres poiffons, depuis le premier Février jufqu'à la mi-Mars ; & aux autres, depuis le premier Avril jufqu'au premier Juin ; à peine pour la première fois, de vingt livres d'amende & d'un mois de prifon, & du double de l'amende & de deux mois de prifon pour la feconde ; & pour la troifième, du carcan, fouet & banniffement du reffort de la maîtrife. La pêche aux faumons, alofes & lamproies, n'eft point comprife dans cette prohibition.

Ibid. art. 6. *&* 7.

X I.

11. Il n'eft point permis

Il eft défendu de tirer aucunes

terres, sables & autres maté-riaux à six toises des rivières na-vigables, à peine de cent livres d'amende.

Ibid. tit. 27. art. 40.

X I I.

Il est aussi défendu de jetter dans les rivières aucuns décom-bres ni immondices, à peine d'a-mende arbitraire contre les maî-tres, & de punition corporelle contre les domestiques.

Ibid. tit. 31. art. 22.

X I I I.

Les propriétaires des hérita-ges aboutissans aux rivières navi-gables, doivent laisser le long des bords vingt-quatre pieds de place au moins en largeur pour chemin royal & trait des chevaux, sans qu'ils puissent planter arbres, ni tenir clotûres ou haies plus près que de trente pieds du côté que les bateaux se tirent, & de dix pieds à l'autre bord, à peine de

cinq cens livres d'amende contre les contrevenans.

Ibid. tit. 28. art. 7.

X I V.

14. Curage
des rivières.

Le curage des rivières & ruif-
feaux doit être fait aux dépens
de ceux qui ont des héritages
contigus , chacun en droit foi.

Code rural , des rivières, n. 6.

X V.

15. Des
péages.

Aucun feigneur ne peut lever
droit de péage fur les rivières
qui lui appartiennent, s'il n'eft
fondé en titre.

*Ordonnance de 1669. titre 29. arti-
cles 1. & 2.*

X V I.

16. Peut-
on faifir les
chevaux ,
faute de paie-
ment du droit
de péage ?

Quand ce droit eft légitime-
ment établi , & que les marchands refufent de le payer, il
n'eft pas permis de faifir leurs
chevaux , équipages & bateaux ;
on peut feulement faifir les mar-

chandifes jufqu'à la concurrence du droit.

Ibid. art. 3.

X V I I.

Les feigneurs péagers font te- nus d'entretenir les chauffées, bacs, échefes & ponts fur lef- quels ils perçoivent un droit de péage.

17. Les fei-gneurs péa-gers doivent entretenir les chemins, bacs & paffages.

Ibid. art. 5.

X V I I I.

Ils doivent faire placer à l'en- trée des paffages, où les droits font dus, une pancarte qui ren- ferme un détail exact de la quo- tité des différens droits qui leur font dus rélativement à leurs titres; & il leur eft défendu de rien exi- ger au-delà de ce qui eft conte- nu dans cette pancarte.

18. Doivent y faire placer une pancarte de leurs droits.

Ibid. art. 7.

X I X.

Il eft loifible à un chacun de faire un étang fur fon fonds, pour-

19. Des étangs.

vu qu'il ne porte aucun préjudice au public ni aux particuliers
voisins, s'il n'y a coutume au contraire : comme quelques-unes qui
en font un droit de justice, d'autres un droit de fief; le poisson
qui y est, est réputé immeuble.
    Guyot, suprà cit. sect. 2. n. 4.

CHAPITRE XXVI.

Des Terriers.

1. Qu'est-ce qu'un terrier ?
2. Dans quel temps un seigneur doit-il le renouveller ?
3. Le haut-justicier en peut-il faire un ?
4. Où faut-il obtenir des lettres pour parvenir à la rénovation du terrier ?
5. Les ecclésiastiques sont-ils dispensés d'obtenir ces lettres ?
6. Où doit-on les faire publier ?
7. Dans quel temps les doit-on mettre à exécution ?
8. Combien coûtent ordinairement ces lettres ?
9. Combien en coûte l'enregistrement ?
10. Les censitaires tenus d'indiquer leurs héritages.

11. *Il faut dresser un plan de la terre pour faire le terrier.*

12. *Les propriétaires de franc-aleu doivent-ils donner leur déclaration ?*

13. *Les détenteurs d'héritages sujets à la dixme inféodée, en doivent-ils aussi ?*

14. *Où se doit faire cette déclaration ?*

15. *Aux frais de qui se fait cette déclaration ?*

16. *Quelle distinction faut-il faire dans un terrier ?*

17. *A quoi sont relatives les clauses générales insérées dans les déclarations ?*

18. *Dans quel temps doit être contrôlé un terrier ?*

I.

1. Qu'est-ce qu'un terrier ?

UN terrier est le registre qui contient les déclarations & reconnoissances des censitaires. Il est pour les roturiers ce que

que le dénombrement est pour les fiefs.

I I.

Un seigneur peut renouveller son terrier vers trente ans du dernier, pour mettre à couvert de la prescription les droits qui sont prescriptibles.

Acte de notoriété du châtelet de Paris, du 5. Août 1689.

2. Dans quel temps un seigneur doit-il le renouveller?

I I I.

Le haut-justicier peut faire un terrier, & il peut contraindre les possesseurs de franc-aleu, même les seigneurs de fief étant dans sa justice, de s'inscrire à son terrier. Ces déclarations ne contiennent aucune charge, mais seulement l'énumération des biens sujets à la haute justice.

Ubique.

3. Le haut-justicier en peut-il faire un?

I V.

Pour faire un terrier, il faut obtenir en chancellerie des lettres adressées au juge royal, qui com-

4. Où faut-il obtenir des lettres pour parvenir à la rénovation du terrier?

V

met un notaire, pour procéder à la confection du terrier ; ces lettres portent commiſſion générale pour faire ſaiſir le territoire.

Ordonnance de Blois, articles 54. & 55.

V.

5. Les eccléſiaſtiques ſont-ils diſpenſés d'obtenir ces lettres ?

Les eccléſiaſtiques ſont diſpenſés d'obtenir ces lettres ; les ſénéchaux & baillifs doivent procéder à la confection de leurs terriers, ſans aucune commiſſion du roi.

Ordonnance de Blois, ſuprà cit. de Melun, art. 26. Autre de Décembre 1606.

V I.

6. Où doit-on les faire publier ?

On doit faire publier ces lettres dans les paroiſſes voiſines & dans celle de la ſeigneurie ; par-là les ſeigneurs voiſins ſont avertis, & les déclarations paſſées à ce terrier, ſont d'un plus grand poids contre eux.

Voyez Frémainville, en ſa pratique des terriers.

VII.

Ces lettres font sujettes à su-rannation : ainsi il faut commencer dans l'année à les mettre à exécution.

Frémainville . chapitre 3. *sect.* 1. *quest* 5.

7. Dans quel temps les doit-on mettre à exécution?

VIII.

Les droits dus pour le sceau de ces lettres, sont de quinze livres à la chancellerie près les parlemens, & de trente-neuf livres à la grande chancellerie.

Ibid. quest. 9.

8. Combien coûtent ordinairement ces lettres?

IX.

Quand l'enregistrement que fait le juge royal de ces lettres, est porté à l'audience, il n'est rien dû ; mais s'il est porté à l'hôtel, le juge royal se taxe ordinairement six livres, quatre livres au procureur, & pareille somme au greffier, auquel on paye outre ce,

9. Combien en coûte l'enregistrement?

quarante fols pour l'enregiſtre-
ment deſdites lettres.

Ibid queſt. 11.

X.

10. Les cen-
ſitaires tenus
d'indiquer
leurs hérita-
ges.

Les cenſitaires doivent mon-
trer, enſeigner, & déclarer leurs
héritages à l'officier & comiſ-
ſaire prépoſé pour ce renouvel-
lement de terrier, à peine de
commiſe.

Arrêts des 26. *Octobre* 1540. *&* 2.
Mars 1566. *rapportés par Papon, cha-*
pitre des droits ſeigneuriaux.

X I.

11. Il faut
dreſſer un
plan de la
terre, pour
faire le ter-
rier ?

Pour renouveller un terrier, il
eſt néceſſaire de lever le plan de
tous les héritages de la ſeigneurie, afin d'en connoître la conſiſ-
tence & de ne tomber dans aucune omiſſion.

Frémainville, ſuprà, ſect. 2. *queſt.* 1.

X I I.

12. Les pro-
priétaires de
franc-aleu
doivent-ils
donner leur
déclaration ?

Les propriétaires des héritages
tenus en franc-aleu, doivent en
donner une déclaration au ter-

rier du seigneur haut - justicier ,
qui est intéressé à connoître sur
quoi s'étend sa justice & ce qui
est de sa mouvance : ils doivent
pour cet effet exhiber leur contrat , quoiqu'ils ne doivent ni
cens , ni lods & ventes.

La Thaumaſſière, du franc-aleu, chap.
2. Brodeau , ſur Paris , art. 68. n. 30.
Baquet, des francs-fiefs , chap. 2. n. 26.
Baſnage , ſur l'art. 102. de Normandie.
Argou , inſt. du droit franç. liv. 2.
chap. 3.

XIII.

Les détenteurs d'héritages sujets aux dixmes inféodées , sont
obligés & ne peuvent point non
plus refuser d'en donner les déclarations.

13. Les dé-
tenteurs d'hé-
ritages ſujets
à la dixme in-
féodée , en
doivent - Ils
auſſi ?

Traité des dixmes de Le Mere , tom.
1. pag. 317. art. 4.

XIV.

Les censitaires doivent venir
faire leurs déclarations au notaire , ou commiſſaire, dans le château du seigneur.

14. Où se
doit faire cet-
te déclara-
tion ?

Arrêt du 19. Juin 1728. rapporté par Frémainville.

X V.

15. Aux frais de qui se fait cette déclaration ?

Le censitaire est obligé de faire à ses frais cette reconnoissance, pour laquelle il est dû cinq sols pour le premier article, & deux sols six deniers pour chacun des autres.

Acte de notoriété du châtelet, du 20. Janvier 1708.

X V I.

16. Quelle distinction faut-il faire dans un terrier ?

Il faut distinguer dans le terrier la préface ou le préambule & le corps du terrier, c'est-à-dire les déclarations qu'il renferme. Les préfaces, qui contiennent tous les droits que le seigneur prétend, ne font aucune foi contre les tenanciers, si elles ne leur ont été lues, & s'ils ne les ont signées, ou s'ils n'y ont consenti & déclaré ne savoir signer; parce que les droits étant de convention autre que le cens, il faut que cette convention soit prouvée par l'acquiescement du tenancier.

Guyot, des bannalités, chap. 4. sect. 1. n. 28. & suiv.

XVII.

La clause générale qui se trouve de stile dans toutes les déclarations, & *autres droits ci-dessus énoncés*, ne se réfère jamais aux droits énoncés dans la préface ou dans le préambule ; mais à ceux qui sont nommément exprimés dans les déclarations, à moins que le préambule n'ait été formellement approuvé de tous, ou qu'il ne soit transcrit en tête de chacune des déclarations.

17. A quoi sont relatives les clauses générales inférées dans les déclarations ?

Ibid. n. 30. & suivans.

XVIII.

Le notaire commis pour la confection d'un terrier, n'est tenu de le faire contrôler que dans les trois mois, à compter du jour de chaque déclaration.

18. Dans quel temps doit être contrôlé un terrier ?

Arrêt du conseil, du 25. Juillet 1724.

CHAPITRE XXVII.

Des Droits honorifiques.

1. *Combien de sortes de droits honorifiques ?*
2. *Qu'entend-on par les grands ?*
3. *Quid, par les moindres ?*
4. *A qui appartiennent - ils de droit ?*
5. *Lorsqu'il y a plusieurs hauts-justiciers, lequel doit les avoir de droit ?*
6. *Qu'est-ce qu'une litre ou ceinture funèbre ?*
7. *Où peut-elle être mise ?*
8. *Où se mettent celles du haut-justicier & du patron ?*
9. *Peut-il y avoir plusieurs litres en même temps ?*
10. *Quid, lorsqu'il y a plusieurs copatrons & coseigneurs ?*

37. *Quel est le côté le plus honorable?*

38. *Qui peut se qualifier seigneur du village?*

39. *Quid, lorsque personne n'en prend le titre?*

40. *Quid, lorsque la justice est possédée par plusieurs par indivis?*

41. *Quid, lorsqu'une terre est partagée?*

I.

ON distingue ordinairement deux sortes de droits hono- rifiques, les grands & les moindres.

1. Combien de sortes de droits honorifiques?

Maréchal, des droits honorifiques, chap. 1. aux observations. Guyot des droits honorifiques, chap. 4.

I I.

Les grands sont le droit de litre ou de ceinture funèbre, les prières nominales, l'encens, le droit de banc & de sépulture dans le chœur, que les patrons & hauts-justiciers seuls peuvent prétendre.

2. Qu'entend-on par les grands?

Guyot, ibid. n. 2.

X ij

III.

3. *Quid*, par les moin-dres ?

Les moindres, qui ne font que de préféance, font le pas à l'offrande, l'eau bénite, le pain bénit & le pas à la proceffion ; ils appartiennent auffi de droit au patron & au haut-jufticier : ce n'eft que par bienféance, & non par devoir qu'on les accorde après eux aux gentilshommes & fimples feigneurs de fiefs.

Danty, *fur Maréchal*, *obfervation* 1. *Guyot*. *chap.* 6.

IV.

4. A qui appartien-nent-ils de droit ?

Le patron & le haut-jufticier ont feuls de droit, les droits honorifiques. Dans quelques coutumes, il faut être châtelain.

Loyfeau, *des feigneuries*, *chap.* 11. *n.* 50. *Guyot*, *chap.* 4.

V.

5. Lorfqu'il y a plufieurs hauts-jufti-ciers, lequel doit les avoir de droit ?

Le feigneur haut-jufticier du lieu où l'églife eft bâtie, eft le feul entre tous les hauts-jufticiers dans une paroiffe, qui peut pré-

tendre par droit aux droits honorifiques.

*De Roye, de jurib. honor. lib. 2. cap.
4. Guyot, chap. 3. 4. & 5. passim.
Maréchal, chap. 1.*

V I.

La litre, ou ceinture funèbre,
est une bande peinte en noir sur
la muraille de l'église, sur laquelle sont aussi peintes les armes du
patron ou du haut-justicier.

Maréchal, chap. 5.

6. Qu'est-ce qu'une litre ou ceinture funèbre?

V I I.

Elle peut être conduite en dedans & en dehors au pourtour de
l'église; & ce, quand même au
dehors il se trouveroit des bâtimens adossés qui interromproient
le cours du mur de l'église.

*De Roye, suprà cit. lib. 1. cap. 8.
Arrêt du 13. Mars 1743. rapporté par
Guyot, chap. 3.*

7. Où peut-elle être mise?

V I I I.

Le haut-justicier a droit de litre au dedans & au dehors de
l'église; le patron ne peut en avoir

8. Où se mettent celles du haut-justicier & du patron?

qu'au dedans, au deſſus de celle du haut-juſticier.

Arrêt du 23. Août 1615. rapporté par Maréchal, chap. 5.

I X.

9. Peut-il y avoir plu-ſieurs litres en même temps ?

Il ne peut y avoir dans l'égli-ſe ou au dehors plus de deux li-tres en même temps.

Arrêtés de Lamoignon, art. 19. tit. des droits honorifiques.

X.

10. *Quid,* lorſqu'il y a pluſieurs co-patrons & co-ſeigneurs ?

Lorſque le patronage ou la haute-juſtice appartiennent à plu-ſieurs, ſoit par indivis ou par aſ-ſignat de portions, il ne doit y avoir qu'une litre pour tous les co-patrons, & une pour tous les co-hauts-juſticiers : que ſi tous veu-lent avoir leurs armes, ils peuvent les faire mettre ſur la litre en com-mençant par le côté le plus hono-rable, pour placer celle de l'aîné ou de celui qui le repréſente ; en-ſuite celles des puinés ou ayant part, en laissant entre chacun un ou deux pieds de distance.

De Roye, lib. 2. cap. 4. Guyot, suprà cit. chap. 5. quest. 2. n. 3.

X I.

L'usufruitier, la douairière ni l'engagiste n'ont point le droit de litre.

Baquet, des droits de justice, chap. 20. n. 10. Maréchal, chap. 5. Guyot, chap. 5. n. 8.

11. L'engagiste & l'usufruitier ont-ils droit de litre ?

X I I.

L'honneur des prières nominales est une distinction accordée aux patrons & hauts-justiciers seuls, pour être désignés nommément dans le nombre de ceux que dans les prières du prône on recommande aux prières des fidèles ; on y recommande aussi les bienfaiteurs de l'église.

12. Des prières nominales.

Guyot, chap. 5. sect. 2. n. 1. Maréchal, chap. 8.

X I I I.

Le curé doit, à la messe ès jours que l'on encense, & hors

13. De ch...

les jours où le saint Sacrement eft expofé, auquel jour les encenfemens autres que ceux de l'autel ceffent, de deffus les marches de l'autel fe tourner du côté des bancs ou chapelles des patrons & feigneurs, & les encenfer les uns après les autres, leurs femmes & leurs enfans; à vêpres il doit fe tranfporter au-devant des bancs & dans les chapelles des patrons & feigneurs, & les encenfer. La quotité des encenfemens n'eft point réglée par les arrêts, il faut fuivre en cela l'ufage de la paroiffe. Dans quelques-unes, c'eft trois fois pour le patron & le feigneur, la femme trois fois, les enfans chacun une fois; dans d'autres, une fois pour le feigneur, une fois la femme, & une fois pour tous les enfans.

Guyot, ibid. fect. 4.

X I V.

14. Qui de droit peut

Hors le patron & le haut-jufticier, qui font feuls fondés en droit commun, nul ne peut avoir banc en l'églife, fans permiffion par écrit des marguilliers.

Loyfeau, des droits hon. chap. 11, *n.* 65.

X V.

Le banc des patrons & hauts-justiciers doit être dans le chœur ; & lorfqu'il y a plufieurs hauts-jufticiers du lieu de l'églife, le droit de banc n'appartient, après le patron, qu'à l'aîné ou à celui qui le repréfente.

Guyot, fuprà cit. fect. 3. *n.* 7,

X V I.

La permiffion accordée aux particuliers d'avoir des bancs dans l'églife, eft révocable à toujours ; cependant, fi elle eft donnée pour argent entré au profit de la fabrique, il faut le rendre, fi par la fuite la place du banc eft nécef-faire pour faire quelque bâtiment

avoir un banc dans l'églife ?

15. Lorfqu'il y a plufieurs hauts-jufticiers, à qui appartient le droit banc ?

16. La permiffion de banc dans l'églife, accordée aux particuliers, eft-elle révocable ?

pour l'églife, & que l'on ôte ce banc.

Loyfeau, fuprà cit. n. 68. Danty, fur Maréchal, obf. 10.

XVII.

17. La con-
ceffion en eft-
elle perpé-
tuelle ?

Cette conceffion de banc n'eft qu'à vie, & non à perpétuité ; parce qu'on ne peut impofer un droit de propriété à un lieu faint.

Loyfeau, ibid. n. 69. & 72.

XVIII.

18. De la
fépulture
dans le
chœur.

De droit il n'y que le patron & le haut-jufticier qui aient leur fépulture dans le chœur ; ils peuvent s'oppofer à ce que tous autres y foient inhumés ; on ne peut prefcrire ce droit contre eux.

Guyot, fuprà cit. feƈt. 5. n. 6.

XIX.

19. De l'eau
bénite.

Les patrons & hauts-jufticiers doivent avoir l'eau bénite & le pain bénit féparément & avec diftinƈtion, avant tous les autres habitans de la paroiffe ; mais ils ne peuvent l'avoir avant le clergé, ou tout ce qui repréſente le clergé.

Guyot, ibid. ſect. 1. n. 5. Arrêt du 4. Septembre 1716. au 6. vol. du journ. des aud.

X X.

L'eau bénite doit ſe donner par aſperſion ou par préſentation du goupillon ; ce qui dépend de la poſſeſſion ou de l'uſage du diocèſe.

20. Comment ſe donne-t-elle ?

Guyot, ibid. n. 6.

X X I.

Le patron, & à défaut de patron, le haut-juſticier a droit de choiſir un jour dans l'année pour préſenter le pain bénit.

21. Le ſeigneur hautjuſticier & le patron peuvent-ils choiſir un jour pour rendre le pain bénit ?

Id. chap. 6. ſect. 2. n. 3. Maréchal, chap. 3.

X X I I.

Il y a deux cauſes productives des droits honorifiques : la première eſt la fondation & la dotation de l'égliſe ; la ſeconde, la protection que la puiſſance publique accorde à l'égliſe.

22. Quelles ſont les cauſes productives des droits honorifiques ?

De Roye, ſuprà cit. lib. 1. cap. 1.

XXIII.

23. Les droits honorifiques sont-ils ceffibles ?

Les grands honneurs de l'égli-se ne peuvent fe céder ni fe com-muniquer à perfonne, fi ce n'eft à la femme & aux enfans, qui font regardés comme les mêmes perfonnes que le patron & le haut-jufticier.

Maréchal, chap. 1. Loyfeau, des feign. chap. 11. n. 15. Guyot, chap. 5. fect. 3. n. 11.

XXIV.

24. Le juge du feigneur a-t-il quelque préféance ?

Le gradué, juge du feigneur, en l'abfence du feigneur de la pa-roiffe, a la préféance fur tous les autres habitans de la paroiffe, quels qu'ils foient, gentilshom-mes moyens jufticiers, même hauts-jufticiers dans la paroiffe ; s'il n'eft point gradué, il n'en jouira que le jour de la fête de la paroiffe.

Arrêt du 16 Juillet 1706. au journ. des audiences, tom. 5. chap. 24. Guyot, chap. 6. fect. 2. n. 8. Maréchal, chap. 1.

XXV.

Le patron & le haut-justicier seuls peuvent agir, soit par requête, soit par complainte, pour leurs droits honorifiques; & cette action doit être portée devant le juge laïc, qui en doit connoître, non le juge d'église.

Maréchal, chap. 7. Lopeau, chap. 11. n. 39. Baquet, des droits de justice, chap. 20. n. 15. Guyot, suprà cit. chap. 7.

25. A qui appartient l'action pour les droits honorifiques ?

XXVI.

Quand le curé oppose qu'il y a un seigneur ou patron autre que celui qui prétend les honneurs, celui-ci doit se pourvoir contre le seigneur indiqué, & non contre le curé.

Maréchal, chap. 7. qui en rapporte un arrêt du 25. Mai 1630.

26. Quid, lorsqu'il y a un patron ou seigneur autre que celui qui prétend les droits honorifiques ?

XXVII.

Le droit de permettre ou d'empêcher la fête du village, est un droit de justice, qui par consé-

27. A qui appartient le droit de permettre ou d'empêcher

la fête de village ? quent n'appartient qu'aux justiciers.

Loyseau, chap. 11. n. 12. Guyot, chap. 8. n. 4. Maréchal, chap. 1.

XXVIII.

28. Des chapelles particulières. Quand une chapelle est située dans les aîles de l'église, & a sa voûte à part, elle est présumée particulière au fondateur, & il peut la fermer à clef; *secùs*, si elle est sous la grande voûte : dans ce cas, il ne peut prétendre que les premières places pour lui & sa famille, sans empêcher les autres d'y occuper les places vacantes.

Loyseau, ibid. n. 80. Guyot, chap. 9. n. 6. Danty, observ. 18.

XXIX.

29. Quel droit en a le fondateur ? Le patron ou fondateur de cette chapelle particulière, outre le droit d'y présenter, a encore celui d'y avoir sa litre en dedans seulement, son banc & sa sépulture.

Maréchal, chap. 4. & 5. Guyot, chap. 9. n. 7.

X X X.

Un seigneur ne peut faire avancer ou retarder la messe les dimanches & jours de fêtes , soit pour l'attendre , soit pour quelque autre raison.

Edit de 1571. *art.* 3. *rapporté par Maréchal , chap.* 8.

30. Un seigneur peut-il faire changer l'heure du du service divin ?

X X X I.

Quand le patron & le haut-justicier se trouvent en concurrence , le patron a le premier rang dans l'église ; il est nommé le premier aux prières ; son banc & sa sépulture sont au lieu le plus honorable du chœur ; la litre , avec les armes du patron , est mise dans l'église au dessus de celle du haut justicier : mais au dehors celle du haut-justicier est au dessus , & il a le pas sur le patron.

31. *Quid* , quand le patron & le seigneur sont en concurrence ?

Guyot , chap. 1. *Maréchal , chap.* 1.

X X X I I.

Quand il n'y a ni patron ni haut-justicier de la paroisse , qu'il

32. *Quid* , lorsqu'il n'y a d'autre pa-

tron & fei- gneur que le roi ?

n'y a que le roi auquel la poffef-fion, quelque longue qu'elle puiffe être, ne peut nuire, il eft affez d'ufage de maintenir les moyens & bas jufticiers, & feigneurs féo-daux dans leur poffeffion des droits honorifiques.

Guyot, chap. 5. fect. 1. n. 8.

XXXIII.

53. Droit des commen-faux.

Les fécrétaires du roi, tréfo-riers de France, & commenfaux de la maifon du roi, ont la pré-féance fur les officiers des fei-gneurs, telle que les édits & dé-clarations la leur accordent.

Arrêt du grand confeil, du 23. Jan-vier 1738.

XXXIV.

54. Les droits honorifiques peuvent - ils s'acquérir par poffeffion ?

Les droits honorifiques, ap-pellés moindres, & qui ne font que de préféance, peuvent s'ac-quérir par poffeffion immémoria-le, qui cependant ne peut ja-mais

mais nuire aux droits du patron & du haut-justicier.

Maréchal, chap. 1.

X X X V.

Au défaut de la possession, on règle la préséance eu égard à l'ancienneté de la noblesse ou de l'âge, ou selon la dignité du fief, ou de la personne, & autres circonstances.

Maréchal, ibid.

35. Comment se règle la préséance entre les gentilshommes?

X X X V I.

Si quelque seigneur ou gentilhomme qui n'a point de justice, a eu un banc dans le chœur par possession immémoriale, il peut s'y maintenir.

Id. chap. 2. *Baquet, des droits de justice, chap.* 20. *n.* 16.

36. Quid, si un gentilhomme est en possession d'avoir un banc dans le chœur?

X X X V I I.

Le côté droit de l'église, c'est-à-dire celui qui est à main droite en entrant, est regardé comme le plus honorable.

Maréchal, chap. 2.

37. Quel est le côté le plus honorable?

Y

XXXVIII.

38. Qui peut se qualifier seigneur de village ?

Le seigneur haut - justicier du lieu où l'église est bâtie, peut seul se qualifier seigneur du village : les seigneurs de fiefs ne peuvent se qualifier que seigneurs de tel fief, sis en telle paroisse.

Maréchal, chap. 1. Arrêts des 10. Février 1700. 14. Juillet 1714. 21. Juin 1743. & 23. Août 1748. rapportés par Guyot, chap. 3. n. 17.

XXXIX.

39. *Quid*; lorsque personne n'en prend le titre ?

Si dans le village il n'y a personne qui soit accoutumé de s'en qualifier seigneur, celui qui en a la plus grande partie de la directe, en peut prendre le titre ainsi vacant.

Loyseau, chap. 1 L. n. 10.

X L.

40. *Quid*; lorsque la justice est possédée par plusieurs par indivis ?

Ceux qui ont la justice par indivis, ne peuvent se qualifier que seigneurs en partie, s'il ne paroît que quelqu'un d'eux est descendu de l'aîné ; dans ce cas, & dans celui où le patronage appartient à plusieurs, les honneurs de préséance ne s'adjugent que par tour, suivant la portion de chacun dans la justice ou le patronage.

Brodeau, sur Louet, l. f. f. 31. n. 4. Guyot, chap. 3. n. 10. & chap. 5. n. 6. Danty, observ. 20.

X L I.

Quand une terre à été divisée, l'aîné en directe, ou celui qui possède le principal corps du fief, retient la qualité entière & absolue de seigneur ; & ceux qui en possèdent des portions détachées du corps, sont obligés de prendre la qualité de seigneur en partie.

41. Qui, lorsqu'une terre est partagée ?

Brodeau, suprà cit. n. 3. Danty, observ. 21. Guyot, chap. 3. n. 17.

CHAPITRE XXVIII.

Des Justices seigneuriales.

1. Combien de sortes de justices ?
2. Qu'entend - on par haute justice ?
3. Quid, de la moyenne ?
4. Quid, de la basse ?
5. Quid, de la foncière ?
6. Les justices peuvent-elles se démembrer ?
7. Fief & justice n'ont rien de
commun.
8. La justice n'a point de directe.
9. Le roi seul est fondé en droit
de haute, moyenne & basse justice.
10. Comment les seigneurs peuvent-ils prouver le droit de justice, lorsqu'il leur est contesté ?
11. Quid, quand la justice est com-

mune entre le roi & un seigneur
particulier ?

12. Les seigneurs sont-ils obligés
d'établir des officiers pour rendre
la justice dans leurs terres ?

13. Quid, lorsque la justice est in-
divise entre plusieurs seigneurs ?

14. Ceux dont les justices ressortissent nuement aux cours souveraines, ne peuvent-ils commettre que des avocats pour juges ?

15. Les seigneurs peuvent-ils augmenter le nombre de leurs officiers ?

16. Les officiers sont-ils tenus de
résider dans l'étendue de la justice ?

17. Peuvent-ils être les fermiers
de la terre où ils sont établis ?

18. Peuvent-ils être élus aux charges municipales ?

19. Où doivent-ils se faire recevoir ?

20. Peuvent-ils apposer les scellés
sur les effets des curés décédés ?

21. *Ont - ils droit d'assister aux comptes de fabrique ?*

22. *Les seigneurs doivent faire faire le procès aux coupables de crime.*

23. *doivent avoir des prisons.*

24. *Les officiers des seigneurs connoissent-ils de la police ?*

25. *Connoissent - ils des matières consulaires ?*

26. *Où doivent - ils rendre la justice ?*

27. *Peuvent-ils connoître de l'infraction d'une saisie féodale, faite à la requéte du seigneur ?*

28. *Quid, quand le fonds est contesté ?*

29. *Peuvent-ils connoître des affaires personnelles du seigneur ?*

30. *Peuvent-ils apposer les scéllés sur les effets du seigneur ?*

31. *Quid, lorsque le seigneur est ecclésiastique ?*

32. *Peuvent-ils connoître des saisies réelles ?*

33. Peuvent-ils connoître des matières bénéficiales ?
34. Peuvent-ils connoître des affaires des nobles?
35. Un procureur fiscal peut-il, en
l'absence du juge, connoître des
affaires où son ministère est intéressé ?
36. Doit veiller sur les écoles publiques.
37. Un juge peut-il être substitué
par les officiers d'une autre justice ?
38. Les seigneurs doivent commettre un greffier.
39. Le juge & le greffier peuvent-
ils être parens ?
40. Un seigneur est-il responsable d'une consignation faite dans
son greffe ?
41. Il doit commettre des sergens.
42. Les huissiers royaux peuvent-
ils instrumenter dans les justices seigneuriales ?
43. Les officiers des seigneurs peu-

vent-ils enjoindre à la maré-
chauffée de prêter main forte
pour l'exécution de leurs jugemens ?

44. *Un feigneur peut-il créer des notaires ?*

45. *Du tabellionage.*

46. *Un feigneur a-t-il droit de fcel ?*

47. *Les notaires royaux peuvent-ils inftrumenter dans les juftices où il y a tabellionage ?*

48. *Y a-t-il condamnation de dépens au profit des procureurs fifcaux, dans les procès inftruits à leur requête ?*

49. *Qui faut-il intimer dans les procès où le procureur fifcal eft partie ?*

50. *De la prévention du juge royal.*

51. *Le jufticiable d'un feigneur peut-il diftraire fa jurifdiction ?*

52. *Actor fequitur forum rei.*

53. *Les officiers des feigneurs font-ils révocables* ad nutum ?

54. *Le fermier & l'uſufruitier peu-*
vent-ils deſtituer ?

55. *Les moyens & bas-juſticiers*
peuvent-ils avoir un procureur
fiſcal ?

56. *Le ſeigneur doit nourrir les*
enfans trouvés dans ſa juſtice.

57. *Les ſeigneurs ne peuvent faire*
relever les fourches patibulaires,
ſi ce n'eſt dans l'an de la chúte.

58. *L'érection en doit étre confor-*
me à la coutume.

59. *Les ſeigneurs peuvent-ils éta-*
blir des foires & marchés dans
leurs terres ?

60. *Quel droit peuvent-ils perce-*
voir les jours de foires ou mar-
chés ?

61. *Le droit d'aubaine appartient-*
il aux ſeigneurs ?

I.

ON diſtingue communément trois ſortes de juſtices : la haute, la moyenne & la baſſe ; il y en a une quatrième , appellée

1. Combien de ſortes de juſtices ?

Z

juſtice foncière & cenſière ; mais qui n'eſt point ordinaire. On ne peut mieux définir ces différentes ſortes de juſtices, que par leurs attributs.

I I.

2. Qu'en-tend-on par haute juſtice? Le haut-juſticier connoit de toutes cauſes réelles, perſonnelles & mixtes entre ſes ſujets : il connoit des matières criminelles, excepté pour les cas royaux ; & peut condamner à mort & aux autres peines afflictives.

Baquet, des droits de juſtice, chap. 2.

I I I.

3. Quid, de la moyenne? Le juge du ſeigneur moyen-juſticier connoit de toutes matières civiles, réelles, perſonnelles & mixtes entre ſes ſujets ; en matière criminelle, il connoit des délits légers dont l'amende n'excède pas ſoixante ſols.

Baquet, ibid.

I V.

4. Quid, de la baſſe? Le juge du bas-juſticier con-

noit de toutes matières perfonnelles entre les fujets du feigneur,
jufqu'à la fomme de foixante fols
parifis, & des délits légers dont
l'amende n'excède pas dix fols
parifis.

Ibid.

V.

Quelques coutumes admettent
un quatrième dégré au-deffous
de la baffe juftice, fous le nom
de juftice foncière ou cenfière,
qui confifte à donner à celui qui
a un fief ayant vaffaux ou cenfive, droit de juftice fur les vaffaux ou cenfiers qui en dépendent,
pour le recouvrement des droits
de la feigneurie.

Loyfeau, des feigneuries, chap. 10.
n. 43. *&* 51.

V I.

Les juftices font indivifibles,
& ne peuvent fe démembrer ;
en forte qu'un feigneur qui a haute, moyenne & baffe juftice, ne

Z ij

peut vendre les deux dernières, & retenir la première : il n'y a que le roi qui puiſſe faire pareil démembrement.

Arrêts des 3. Juillet 1625. & 31. Janvier 1674. au journal des audiences.

V I I.

7. Fief & juſtice n'ont rien de commun.

Fief & juſtice n'ont rien de commun ; tellement que celui qui a droit de juſtice en un lieu, peut n'y avoir aucune féodalité ni cenſive ; & de même, celui qui a la féodalité & cenſive, peut n'avoir aucun droit de juſtice.

Ubique.

V I I I.

8. La juſtice n'a point de directe.

La juſtice, en tant que juſtice, n'a point de directe ; cela eſt ſi vrai, qu'un haut-juſticier qui ne ſeroit point en même temps féodal, & qui acquerroit un héritage dans l'étendue de ſa juſtice, en paieroit le relief s'il étoit fief, ou les lods & ventes s'il étoit roture.

Guyot, des fiefs, tom. 6. chap. des rivières, n. 5.

I X.

On tient pour maxime certaine en France, que le roi seul est fondé de droit commun en droit de haute, moyenne & basse justice ; & que les seigneurs qui le prétendent, doivent justifier de la concession qui leur en a été faite. Par une conséquence de ce principe, il n'y a point de justice en franc-aleu.

9. Le roi seul est fondé en droit de haute, moyenne & basse justice.

Baquet, chap. 4. n. 1. 2. & 8.

X.

Comme il seroit difficile aux seigneurs justiciers de rapporter le titre de la concession qui leur a été faite de la justice, on les admet à en justifier le droit par des aveux & dénombremens, qui en fassent mention expresse.

10. Comment les seigneurs peuvent-ils prouver le droit de justice, lorsqu'il leur est contesté ?

Id. chap. 5. n. 4. & 5.

X I.

Quand la justice est commune

11. Quid, quand la jus-

tice eſt com-mune entre le roi & un ſeigneur par-ticulier ?

entre le roi & un ſeigneur, elle doit être exercée par les officiers de ſa majeſté.

Id. chap. 10. *n.* 2.

XII.

12. Les ſeigneurs ſont-ils obli-gés d'établir des officiers pour rendre la juſtice dans leurs terres ?

Ceux qui poſsèdent des domai-nes avec juſtice , & ceux qui poſsèdent ſeulement des juſtices ſans domaine, doivent y établir les officiers néceſſaires pour l'ad-miniſtration de la juſtice.

Edit du mois d'Août 1708. *art.* 9.

XIII.

13. *Quid* ; lorſque la juſtice eſt indiviſe entre pluſieurs ſei-gneurs ?

Dans les endroits où la juſtice eſt exercée en commun entre pluſieurs coſeigneurs , qui ont la juſtice par indivis, il ne doit y avoir qu'un juge pour l'exercice de la juriſdiction totale du lieu ; lequel doit être commis alterna-tivement de trois ans en trois ans par les ſeigneurs : & les amen-des & autres profits de juſtice doivent être partagés ſuivant la portion que chaque seigneur a en la justice.

Ordonnance du Roussillon, du mois de Janvier 1563. art. 25. & 26.

X I V.

Les seigneurs, dont les justices ressortissent nuement au parlement, ne peuvenr commettre pour juges que des avocats.

Déclaration du roi, du 26. Janvier 1680. regist. le 12. Avril suivant.

X V.

Les seigneurs ne peuvent faire en leurs terres érection nouvelle d'officiers au delà du nombre ancien.

Arrêt du mois d'Août 1702. journ. des audiences.

X V I.

Les officiers des seigneurs doivent résider sur les lieux ; l'ordonnance de Charles VII. de 1441. les y astreint avec rigueur. Cependant le plus grand nombre, au mépris de cette ordonnance,

14. Ceux dont les justices ressortissent nuement aux cours souveraines, ne peuvent-ils commettre que des avocats pour juges ?

15. Les seigneurs peuvent-ils augmenter le nombre de leurs officiers ?

16. Les officiers sont-ils tenus de résider dans l'étendue de la justice ?

ne font aucune réfidence, & ne viennent dans le chef-lieu de la juftice, que quand ils y font appellés par les émolumens qu'ils efpèrent y toucher; ce qui caufe un grand préjudice aux parties, qui font obligées le plus fouvent de plaider par-devant un payfan, que l'on qualifie d'ancien praticien, & auquel il eft facile de faire quelque furprife.

XVII.

17. Peuvent-ils être les fermiers de la terre où ils font établis?

Les officiers du feigneur ne peuvent être les fermiers de la terre où ils exercent leurs charges.

Ordonnance du mois d'Octobre 1525. chap. 12. art. 25. Ordonnance d'Orléans, de Janvier 1550. art. 109.

XVIII.

18. Peuvent-ils être élus aux charges municipales?

Les officiers des feigneurs ne peuvent point non plus être élus aux charges municipales.

Arrêt du 24. Mars 1670. autre du 18. Décembre 1664. rapportés par Bo-

niface, tom. 1. *liv.* 1. *tit.* 4. *n.* 14. *&
tom.* 4. *liv.* 10. *tit.* 3. *chap.* 11.

XIX.

Les officiers des feigneurs hauts-jufticiers ne font point obligés de fe faire recevoir par-devant les baillifs & fénéchaux de leur reffort, après information de vie & mœurs, & examen ; il fuffit qu'ils prêtent le ferment entre les mains du premier de leurs officiers, & qu'ils foient reçus & inftallés par lui. Les édits de 1693. & 1704. ne font que des édits burfaux, qui n'ont eû d'exécution que pour faire payer les taxes y portées.

Brodeau, fur Louet, J. O, *en rapporte plufieurs arrêts contre les baillifs, & fénéchaux. Arrêt du 24. Juillet* 1732. *pour le baillif du duché de Sully.*

XX.

Les officiers des feigneurs ont feuls droit d'appofer les fcellés fur

les effets des curés de la seigneurie.

*Arrêt du 21. Août 1711. au journ.
des audiences.*

X X I.

Lorsque le seigneur haut-justicier ne veut point assister à la
reddition des comptes de fabrique, ses officiers tiennent sa place ; & ces comptes doivent être
rendus & présentés devant eux
sans frais, le curé, les marguilliers & anciens paroissiens appellés : il en est de même pour les
comptes des pauvres, qui doivent être rendus devant les mêmes officiers.

*Arrêts des 26. Mai & 26. Juillet
1657. rapportés par Frémainville, t.
2. pratique des terriers, in fine.*

X X I I.

Les seigneurs hauts-justiciers
sont obligés de faire faire le procès aux coupables de crimes commis dans l'étendue de leur haute

justice, de nourrir l'accusé pendant le cours de l'instruction du procès ; ils doivent même payer les dépenses occasionnées par les translations des prisonniers de leurs prisons dans celles des cours souveraines, & aux frais du procès, ainsi qu'à ceux de l'exécution.

Ubique.

XXIII.

Tous les seigneurs hauts-justiciers sont tenus d'avoir des prisons au raiz de chaussée, en bon & suffisant état, & d'y mettre des géoliers qui sachent lire & écrire.

23. Doivent avoir des prisons.

Baquet. suprà cit. chap. 2. Arrêt de réglement du 1. Sept. 1717. art. 32.

XXIV.

Les hauts & moyens justiciers connoissent de la police dans l'étendue de leur justice ; le juge royal en connoit par prévention.

24. Les officiers des seigneurs connoissent-ils de la police ?

Baquet, chap. 28. n. 7. Ordonnance de Janvier de 1572.

X X V.

25. Con-
noissent - ils
des matières
consulaires ?

Dans les bailliages ou séné-chauffées où il n'y a point de consuls établis, les juges des seigneurs ont droit de connoître des causes consulaires dans l'étendue de leur justice, à l'exclusion des juges royaux ; excepté le cas où la promesse aura été faite, & la marchandise fournie, & celui où le paiement aura été stipulé être fait dans un certain lieu : dans ces cas, si la matière est consulaire, le justiciable du seigneur pourra être assigné en la jurisdiction consulaire dudit lieu, quoique cette jurisdiction soit établie dans un bailliage qui n'est pas celui où ressortit le domicile du défendeur.

Arrêt du 27. Juin 1704. rapporté au journ. des aud. Déclaration du roi, du 7. Avril 1759. régist. le 12. Mai.

X X V I.

26. Où doi-

Il est défendu aux juges des

seigneurs de rendre la justice sous le porche des églises, dans les cimetières ni dans les cabarets : les hauts-justiciers doivent avoir un auditoire qui soit en lieu public, où chacun ait libre accès, & non pas dans les châteaux ou maisons fortes des seigneurs ; afin que les juges & les parties soient en parfaite liberté.

Arrêt de réglement du 28. Avril 1673. Loyseau, des seigneuries, chap. 11. n. 86.

XXVII.

Le juge du seigneur peut connoître de l'action intentée par le seigneur pour l'infraction d'une saisie féodale, parce que cette saisie est un exploit domanial ; d'ailleurs elle est faite par commission de ce juge, qui par-là est compétent pour connoître de l'exécution ou inexécution de sa commission.

vent-ils rendre la justice?

27. Peuvent-ils connoître de l'infraction d'une saisie féodale, faite à la requête du seigneur ?

Guyot, des fiefs, tom. 4. des saisies féodales, sect. 8. n. 6.

XXVIII.

28. *Quid*, quand le fond est contesté ?

Quand le fond du droit est contesté, ou que la communauté d'habitans se joint, il faut alors aller par-devant le juge royal.
Ibidem.

XXIX.

29. Peuvent-ils connoître des affaires personnelles du seigneur ?

Le juge du seigneur ne peut connoître que des droits de son fief, comme revenus, paiement de cens, &c. A l'égard des actions personnelles, qui concernent le seigneur, il n'en peut connoître.

Ordonnance de 1667. tit. des récusations, art. 11.

XXX.

30. Peuvent-ils apposer les scellés sur les effets du seigneur ?

Le juge royal doit apposer les scellés & faire inventaire des effets des seigneurs hauts-justiciers, à l'exclusion de leurs juges, même donner tuteurs à leurs enfans, si réquisition lui en est faite ; parce qu'il n'y a que le roi qui se rende justice à lui-même , & les officiers des seigneurs les représentent.

Arrêt du 6. Février 1702. au 5. vol. du journ. des aud.

X X X I.

Le pouvoir des juges des seigneurs ecclésiastiques ne finit point par la mort du bénéficier , il dure tant qu'ils ne sont point destitués par le successeur : ainsi ces juges peuvent apposer les scellés , & même faire inventaire des effets du défunt seigneur ecclésiastique , s'ils en sont requis.

Arrêt du 23. Avril 1704. rapporté par Augeard , tom. 2. chap. 61.

31. *Quid*, lorsque le seigneur est ecclésiastique ?

X X X I I.

Les juges des hauts-justiciers ne peuvent connoître des saisies réelles & faire adjudication par décret, à moins que la plus grande partie des immeubles ne soit dans leur ressort , & qu'il n'y ait

32. Peuvent-ils connoître des saisies réelles ?

dix avocats , procureurs & praticiens immatriculés audit siége pour y pouvoir certifier les criées.

Arrêt du 24. Mars 1688. autre du 7. Août 1690. rapportés au journal des audiences.

XXXIII.

33. Peuvent-ils connoître des matières bénéficiales?

Ils ne peuvent connoître des matières bénéficiales.

Baquet , chap. 7. n. 35.

XXXIV.

34. Peuvent-ils connoître des affaires des nobles ?

Les juges des seigneurs hauts-justiciers ont droit de connoître en première instance de toutes actions pour raison d'héritages non nobles , entre les nobles & ecclésiastiques, apposition & levée des scellés, & confection d'inventaires, s'il n'y a coutume au contraire. Les privilégiés & ceux qui ont droit de committimus , peuvent seuls distraire la jurisdiction, en se faisant renvoyer par-devant les juges de leur privilége.

Neron, sur l'art. 5. de l'édit de Crémieu.

mieu, du 19. Juin 1536. *Déclaration du roi*, du 24. Février 1537. *Arrêt du* 28. Avril 1713. *au journal des aud. Autre du* 6. Avril 1716. *ibid. Autre du* 9. Août 1737. *rapporté par La Combe, en ses réglemens notables, chap.* 14. *Loyseau, des seigneuries, chap.* 14. *n.* 25. *Baquet, des droits de justice, chap.* 26. *n.* 10.

X X X V.

Un procureur fiscal ne peut connoître comme juge des affaires criminelles, ni de celles en matière civile, où le roi, le seigneur, les ecclésiastiques, communautés & mineurs ont intérêt.

35. Un procureur fiscal peut-il, en l'absence du juge, connoître des affaires où son ministère est intéressé?

Arrêt du 11. *Juillet* 1731.

X X X V I.

Le procureur fiscal doit se faire remettre tous les mois par les curés, vicaires, maîtres & maîtresses d'école, un état exact de tous les enfans qui ne vont point aux écoles, ou aux catéchismes & instructions, de leurs noms, âges, sexes, & des noms de leurs

36. Doit veiller sur les écoles publiques.

père & mère , tuteur , curateur ou autres chargés de leur éducation , pour en rendre compte tous les six mois à M. le procureur général.

Déclaration du 24. Mai 1727. article 7.

X X X V I I.

37. Un juge peut - il être fubftitué par les officiers d'une autre juftice ?

Quand le juge d'une jurifdiction eft abfent , ni les officiers , ni les gradués ou praticiens des juftices voifines ne peuvent le remplacer ou le fubftituer : fes fonctions ne peuvent être exércées que par le procureur fifcal , s'il ne s'agit point d'affaire où fon miniftère foit intéréffé , ou par les gradués & praticiens même du fiége vacant.

Arrêt du 25. Octobre 1697. autre du 31. Mars 1711. autre du 10. Janvier 1724. rapportés au journal des audiences.

X X X V I I I.

38. Les feigneurs d.

Les feigneurs hauts-jufticiers

doivent avoir un greffier, & peuvent avoir un sceau à sentences ; mais non de contrats, s'ils n'ont droit de tabellionage.

Loyseau, chap. 10. n. 79.

X X X I X.

Le juge & le greffier ne peuvent être parens, non plus que le procureur fiscal.

Brillon, en son dictionnaire des arrêts, en rapporte plusieurs, au mot juges, n. 287. & 289.

X L.

Le seigneur haut-justicier est responsable d'une consignation faite au greffe de sa justice, discussion du greffier préalablement faite ; parce que le seigneur doit garantir toute assurance en sa justice.

Loyseau, des offices, chap. 6. du liv. 2. n. 28.

X L I.

Les seigneurs hauts-justiciers peuvent aussi avoir des sergens ;

A a ij

& ce, jusqu'au nombre de six au plus.

Idem, des seigneuries, chap. 10. *n.* 79. *Coutume de Tours, art.* 76.

X L I I.

42. Les huissiers royaux peuvent-ils instrumenter dans les justices seigneuriales ?

Les huissiers royaux ne peuvent instrumenter dans l'étendue des justices seigneuriales, si ce n'est en cas de ressort : hors ce cas, il leur faut un paréatis.

Ordonnance de Philippe-le-Bel, de 1302. *art.* 18. *Déclaration du roi, du mois de Mars* 1730. *Arrêt du* 10. *Avril* 1734. *Autre du* 18. *Février* 1750.

X L I I I.

43. Les officiers des seigneurs peuvent-ils enjoindre à la maréchaussée de prêter main-forte pour l'exécution de leurs jugemens ?

Les juges des seigneurs ne peuvent point enjoindre & ordonner aux cavaliers de maréchaussée de leur prêter main forte pour l'exécution de leurs sentences ; ils doivent simplement les requérir.

Arrêts du conseil, du 9. *Juin* 1733. 10. *Mai* 1741. *&* 28. *Février* 1742.

X L I V.

44. Un seigneur peut-il

Le seigneur haut-justicier ne

peut établir & créer des notaires dans l'étendue de sa haute justice, sans une concession particulière du droit de tabellionage de la part du roi.

Baquet, chap. 25. *n.* 6.

X L V.

Il y a quelques coutumes qui accordent cependant au seigneur châtelain le droit de tabellionage ; c'est-à-dire, d'établir des notaires dans l'étendue de leur châtellenie : comme Blois, art. 17. Senlis, 93. Touraine, 75. Angoumois, art. 5.

X L V I.

Le seigneur qui a droit de tabellionage, a de même le droit de scel pour sceller les contrats.

Baquet, suprà cit. n. 37.

X L V. I I.

Les notaires royaux ne peuvent instrumenter dans l'étendue

créer des notaires ?

45. Du tabellionage.

46. Un seigneur a-t-il droit de scel ?

47. Les notaires royaux peuvent-ils

instrumenter dans les justices où il y a tabellionage ? des terres des seigneurs qui ont droit de tabellionage.

Ibid. n. 28.

XLVIII.

48. Y a-t-il condamnation de dépens au profit des procureurs fiscaux, dans les procès instruits à leur requête ? Il n'y a jamais de condamnation de dépens, ni de frais de justice dans les procès, soit civils, ou criminels, poursuivis à la requête des procureurs fiscaux.

Baquet, chap. 7. *n.* 19. *&* 23.

XLIX.

49. Qui faut-il intimer dans les procès où le procureur fiscal est partie ? Quand il y a appel d'une sentence rendue au sujet des droits du seigneur avec le procureur fiscal, c'est le seigneur, & non le procureur fiscal, qu'il faut intimer sur cet appel ; parce que ce n'est qu'en sa justice qu'il peut plaider sous le nom de son procureur fiscal.

Loyseau, des seigneuries, chap. 10. *n.* 79.

L.

50. De la prévention du juge royal. Le juge royal a la prévention sur le juge seigneurial ; à moins

que le seigneur ne fasse révendiquer la cause de son justiciable,
& n'en demande le renvoi en sa
justice.

Déclaration du roi, du 17. Juin 1544.
Arrêt de vérification, du 15. Novembre
suivant. Plaidoyer de M. Talon, lors
d'un arrêt de 1643. Baquet, chap. 9.
n. 3. & 4.

L I.

Quoiqu'un débiteur justiciable
d'un seigneur, se soit soumis à
être poursuivi par-devant un juge
royal, cette soumission n'est point
attributive de jurisdiction ; tellement que le créancier est obligé
de se pourvoir par-devant le juge
du domicile du débiteur, à moins
que le juge royal ne soit celui du
ressort ; dans ce cas, il auroit droit
de prévention, si le seigneur ne
revendique.

51. Le jus-
ticiable d'un
seigneur
peut-il dis-
traire sa juris-
diction?

Edit de Henri II. vérifié le 30 Juil-
let 1560. art. 9. 10. & 11. qui abroge
l'art. 14. de l'édit de Crémieu.

L I I.

En action personnelle, le demandeur doit suivre le domicile du défendeur; & encore que les contrats soient passés sous le scel royal, & que les parties contractantes se soient spécialement soumises à la justice royale, sous le scel de laquelle l'obligation est passée, si la partie est résidente dans l'étendue d'une justice seigneuriale, c'est par-devant le juge du seigneur qu'elle doit être assignée pour l'exécution de ce contrat.

Baquet, des droits de justice, chap. 8. n. 5.

L I I I.

Les officiers des seigneurs sont révocables à leur volonté; néanmoins, quand ils ont été pourvus à titre onéreux, ils ne peuvent être destitués sans être indemnisés.

Ordonnance de Roussillon art. 27. Baquet, chap. 17. n. 13.

LIV.

LIV.

Le fermier ni l'usufruitier de la terre, ni même le tuteur du seigneur, ne peuvent destituer un officier.

Loyseau, traité des offices, liv. 5. ch. 5. n. 44. Arrêt du 6. Mars 1731. rendu contre madame la princesse de Conti, tutrice du prince son fils. Baquet, chap. 17. n. 14.

54. Le fermier & l'usufruitier peuvent-ils destituer ?

LV.

Les moyens & bas-justiciers n'ayant pas de fisc, ne peuvent avoir un procureur fiscal, mais seulement un procureur d'office; parce qu'ils n'ont connoissance d'aucunes causes criminelles ou publiques, mais seulement de celles de partie à partie.

Loyseau, des seigneuries, chap. 10. n. 78.

55. Les moyens & bas-justiciers peuvent-ils avoir un procureur fiscal ?

LVI.

Le seigneur haut-justicier doit nourrir les enfans-trouvés dans l'étendue de sa justice.

Baquet, chap. 33. n. 14.

56. Le seigneur doit nourrir les enfans-trouvés dans la justice.

L V I I.

Les seigneurs hauts-justiciers ne peuvent faire relever, de leur autorité privée, les fourches patibulaires anciennement bâties par leurs prédécesseurs, si ce n'est dans l'an & jour qu'elles sont tombées; mais ce terme une fois expiré, ils leur faut des lettres de chancellerie enthérinées par le juge royal.

Baquet, chap. 9. n. 11. & 13.

L V I I I.

L'érection des fourches patibulaires doit se faire conformément à la coutume des lieux : la plus générale est que les hauts-justiciers les aient à quatre piliers : dans quelques-unes, comme Touraine, Anjou & le Maine, elles sont à six piliers pour les comtés, quatre pour les baronies, & deux pour les seigneurs châtelains : dans d'autres coutumes, ce sont les titres & la pos-

session immémoriale qui servent
de loi.

Baquet, ibid. n. 14. *&* 15.

L I X.

Les seigneurs hauts - justiciers
ou féodaux ne peuvent avoir foi-
re ou marché en leurs terres &
seigneuries, sans permission du
roi.

Baquet, chap. 31. *n.* 1.

59. *Les sei-*
gneurs peu-
vent-ils éta-
blir des foires
& marchés
dans leurs
terres ?

L X.

Le seigneur qui a droit de foi-
re & marché, prend à son profit
le loyer de toutes les places qu'occupent les marchands qui viennent pour débiter leurs marchandises.

Ibid. n. 3.

60. *Quel*
droit peu-
vent-ils per-
cevoir les
jours de foi-
res ou mar-
chés ?

L X I.

Le droit d'aubaine appartient
au roi seul, privativement à tous
seigneurs justiciers.

Id. chap. 22. *n.* 1. *& suivans.*

61. *Le droit*
d'aubaine ap-
partient-il
aux sei-
gneurs ?

CHAPITRE XXIX.

Des Confiscations.

1. *Qu'eſt-ce que la confiſcation ?*

2. *Dans quel cas n'appartient-elle pas au ſeigneur haut-juſticier ?*

3. *Quid, lorſque les biens du condamné ſont dans pluſieurs hautes juſtices ?*

4. *Quid, des meubles ?*

5. *Dans quel cas le haut-juſticier doit-il le relief des fiefs confiſqués ?*

6. *Quid, lorſque le condamné obtient des lettres de grace, ou pour eſter à droit ?*

7. *Le haut-juſticier peut-il s'oppoſer à l'enthérinement des lettres de grace ?*

8. *Eſt-ce au fermier du temps du delit ou de la ſentence, qu'appartient la confiſcation ?*

9. *La confiscation a-t-elle lieu pour un délit militaire ?*

10. *Les biens confisqués sont-ils sujets au douaire ?*

11. *Que doit faire le haut-justicier lorsque la condamnation est par coutumace ?*

I.

LA confiscation est le droit en vertu duquel le roi ou les hauts-justiciers acquièrent les biens situés dans l'étendue de leur haute justice, de ceux qui sont condamnés à mort, ou à quelqu'autre peine qui emporte mort civile, s'il n'y a coutume au contraire.

1. Qu'est-ce que la confiscation ?

Baquet, des droits de justice, chap. 13. n. 2. & suivans.

I I.

Lorsque la condamnation est pour crime de lèse-majesté divine & humaine, duel, fausse monnoie

2. Dans quel cas n'appartient-elle pas au seigneur haut-justicier ?

& héréfie, la confifcation appartient au roi feul.

Ibid. n. 3.

I I I.

3. *Quid*, lorfque les biens du con- d: mné font dans plufieurs hautes jufti- ces?

Lorfque le condamné a des biens dans plufieurs hautes jufti-ces, chaque haut-jufticier prend, par droit de confifcation, ceux qui font fitués dans l'étendue de fa haute juftice , en payant les dettes *pro modo emolumenti.*

Id. chap. 11. *n.* 17.

I V.

4. *Quid*, des meubles?

Les meubles du condamné fuivent le territoire où ils font trouvés ; les obligations & dettes actives fe règlent par le domicile du condamné.

Ibid. n. 6. & 7. *Loyfeau, des feigneuries, chap.* 12. *n.* 9.

V.

5. Dans quel cas le haut-jufticier doit-il le relief des biens con-fifqués ?

Quand le feigneur haut-jufti-cier eft en même temps feigneur féodal des biens qu'il confifque, il ne doit aucuns droits de relief à cause de la réunion qui se fait de plein droit de ces héritages à son domaine ; *secùs*, s'il n'est pas féodal.

Baquet, chap. 14. *n.* 2. 7. 13. *&* 17.

V I.

Si le condamné obtient des lettres d'abolition & de pardon après un jugement souverain, le seigneur haut-justicier ne doit pas rendre les biens provenans de la confiscation, lorsqu'ils sont aliénés ; mais si le condamné a été reçu à ester à droit après les cinq ans de la coutumace, & qu'il parvienne à obtenir un jugement portant absolution, ou qui n'emporte point de confiscation, les meubles & immeubles qui ont été confisqués, lui doivent être rendus dans l'état où ils sont pour lors, sans néanmoins aucune restitution de fruits.

Id. chap. 16. *Ubique. Ordonnance de* 1670. *tit.* 17. *art.* 28.

V I I.

7. Le haut-justicier peut-il s'opposer à l'enthérinement des lettres de grace?

Le haut-justicier à qui appartient la confiscation, ne peut s'opposer à l'enthérinement des lettres de grace.

Baquet, ibid. n. 1.

V I I I.

8. Est-ce au fermier du temps du délit ou de la sentence, qu'appartient la confiscation?

La confiscation appartient au fermier du temps de la sentence de condamnation, & non à celui du temps de l'arrêt confirmatif, ou du tems du délit qui a donné lieu à la condamnation.

Dumoulin, sur Paris, §. 74. *gl.* 1. *n.* 125. *Le Grand, sur Troyes,* 120. *gl.* 2. *n.* 10. *&* 11.

I X.

9. La confiscation a-t-elle lieu pour un délit militaire?

Un soldat condamné à mort pour délit militaire, ne confisque point ses biens.

Arrêt du 22. *Juin* 1712. *au journal des audiences.*

X.

Les biens confisqués sont sujets au douaire.

Baquet, chap. 1 5. *n.* 3. *&* 4.

10. Les biens confisqués sont-ils sujets au douaire ?

X I.

Quand il y a sentence de condamnation par coutumace contre un accusé, le seigneur à qui la confiscation appartient, ne peut se mettre en possession des biens confisqués dans les cinq ans qui suivent l'exécution de la sentence par coutumace ; il peut seulement percevoir des mains des fermiers & commissaires, le revenu de ces biens, sans en pouvoir jouir par ses mains ; & il ne peut en aucune façon disposer du fonds pendant les cinq années : mais dès qu'elles sont expirées, le seigneur doit se pourvoir en justice, pour avoir permission de s'en mettre en possession ; & avant que d'y entrer, il doit faire dresser

11. Que doit faire le haut-justicier lorsque la condamnation est par coutumace ?

procès verbal de la qualité & valeur des meubles & effets mobi-
liers, & de l'état des immeubles,
pour en jouir enſuite en pleine
propriété, à peine de déchéance
de ſon droit.

Ordonnance de 1670. *tit.* 17. *art.*
30. 31. *&* 32.

CHAPITRE XXX.

Du Droit de Déshérence.

1. *Le droit de déshérence appartient au haut-justicier.*
2. *Le moyen & bas-justicier n'y a rien.*
3. *Le haut-justicier doit payer les dettes du défunt.*
4. *Avant que de se mettre en possession, il doit faire faire un inventaire.*
5. *Quand il n'y a point d'héritier maternel, la succession appartient à l'héritier paternel.*

I.

LE droit de déshérence appartient en France au seigneur haut-justicier, qui succède à son sujet décédé sans hoirs, ès biens qui sont situés dans l'étendue de sa justice ; ou si le dé-

1. Le droit de déshérence appartient au haut-justicier.

funt n'étoit point son sujet , & ne demeuroit pas dans l'étendue de sa haute de justice , il lui succède seulement pour les héritages situés dans l'étendue de la haute justice , s'il n'y a coutume au contraire.

Baquet, du droit de déshérence, chap. 2. n. 4. Duplessis, sur Paris, liv. 8. chap. 1.

I I.

2. Le moyen & bas-justicier n'y a rien.

Ce droit est tellement attaché à la haute justice, que le moyen ou le bas-justicier, ni le seigneur féodal n'y peuvent rien prétendre, à moins qu'il ne leur soit attribué par la coutume; comme Normandie, art. 146. & Poitou. 299.

Baquet, ibid. n. 5.

I I I.

3. Le haut-justicier doit payer les dettes du défunt.

Le seigneur-haut justicier, qui appréhende ainsi une succession par droit de déshérence, est obligé d'en payer les dettes au *pro ratâ*.

Baquet, ibid. Loyseau, chap. 12 n. 94. & suivans.

I V.

A cet effet il ne doit point se mettre en possession des biens de cette succession , qu'il n'en ait fait constater l'état par un inventaire contradictoirement fait avec un curateur aux biens vacans , sur qui il se fait adjuger en sa justice les héritages & effets composant cette succession.

Duplessis , suprà cit.

4. Avant que de se mettre en possession, il doit faire faire un inventaire.

V.

Quand il n'y a point d'héritier maternel d'un défunt , sa succession ne doit point être regardée pour cela comme vacante ; mais elle appartient à l'héritier paternel, à qui tous les biens, de quelque côté qu'ils viennent, sont dévolus, & *vice versâ.* L'homme & la femme se succèdent aussi à l'exclusion du seigneur.

Baquet , ibid. chap. 4. *n.* 14. *Loyseau, suprà cit. n.* 103.

5. Quand il n'y a point d'héritier maternel , la succession appartient à l'héritier paternel.

CHAPITRE XXXI.

Des Epaves & Tréfors.

1. Qu'entend-on par épaves ?
2. A qui appartiennent-elles ?
3. Dans quel cas un effain d'abeilles eft-il épave ?
4. Que doit faire celui qui trouve une épave ?
5. Que doit faire le feigneur avant que de s'en mettre en poffeffion ?
6. Définition du tréfor.
7. A qui appartient-il ?
8. Quid, lorfqu'il eft trouvé en grand chemin ?
9. Quid, dans un lieu facré ?
10. Que doit faire celui qui trouve un tréfor ?

I.

1. Qu'entend on par épaves ?

ON appelle épaves des bêtes épouvantées & égarées, & généralement toutes chofes perdues, qui après les publications faites dans le temps fixé par les différentes coutumes, font adjugées au haut-justicier, n'étant réclamées par personne.

Baquet, des droits de justice, ch. 33.

I I.

Les épaves appartiennent au seigneur haut-justicier, à l'exclusion du moyen & du bas-justicier.

Ibid.

2. A qui appartiennent-elles ?

I I I.

Un essain d'abeilles n'est épave qu'autant qu'il n'est point suivi & réclamé ; mais si le maître les a suivies, il peut les reprendre sans permission des officiers de la justice. Quelques coutumes, comme Amiens, art. 191. & Saint-Omer, tit. 2. art. 10. en accordent la moitié à celui qui les trouve, quand elles font épaves, l'autre moitié étant pour le haut-justicier.

3. Dans quel cas un essain d'abeilles est-il épave ?

Frémainville, pratique des terriers,
tome 3. chap. 12. quest. 22.

IV.

4. Que doit faire celui qui trouve une épave ?

Celui qui a trouvé une épave, est obligé d'en faire la dénonciation aux officiers du seigneur, dans les vingt-quatre heures, à peine d'une amende arbitraire ; à moins qu'il n'ait une excuse légitime.

Baquet, suprà cit. chap. 2.

V.

5. Que doit faire le seigneur avant que de s'en mettre en possession ?

Le seigneur est obligé de faire publier les épaves aux lieux accoutumés à faire cris & proclamatiohs, durant trois dimanches consécutifs : & si dans quarante jours après la première publication, celui à qui elles appartiennent, les vient demander, elles lui doivent être rendues, en payant la nourriture, garde & frais de justice. Si après ce temps elles ne sont point réclamées, elles sont acquises & appartien-

nent,

nent au seigneur haut-justicier. La coutume de Saint - Mihiel, tit. 2. art. 17. demande des publications pendant quatre dimanches consécutifs.

Ibid.

VI.

Par trésor l'on entend un dépôt d'argent ou d'autres choses précieuses, qu'on découvre dans les lieux secrets où les maîtres l'avoient mis en sûreté, & dont il ne reste aucune preuve qui fasse connoître à qui il appartient.

ff. L. 31. *de acquir. rer. domi.*

6. Définition du tré-for.

VII.

Le trésor doit être partagé par tiers : entre l'inventeur, le propriétaire du fonds, & le seigneur haut-justicier.

Baquet, des droits de justice, ch. 32. *n.* 29.

7. A qui appartient il?

VIII.

Lorsqu'un trésor est trouvé en grand chemin, il appartient pour

8. Quid, lorsqu'il est trouvé en

grand chemin ?

moitié au roi, ou au feigneur haut-jufticier, s'il a droit de voirie ; & pour l'autre moitié, à l'inventeur.

Baquet, ibid.

I X.

9. *Quid*, dans un lieu facré ?

Lorfqu'il eft trouvé en lieu faint & facré, le haut-jufticier n'y a rien, il appartient à l'églife.

Baquet, ibid. La Combe, recueil de jurifprudence civile, verbo tréfor, n. 9.

X.

10. Que doit faire celui qui a trouvé un tréfor ?

Quand un particulier trouve un tréfor, il doit en faire fa dé-claration ; s'il le recéloit, il feroit privé du droit qu'il pourroit y pré-tendre.

Baquet, ibid. n. 12.

CHAPITRE XXXXII.

Du Droit de Bâtardise.

1. *Qu'est-ce que le droit de bâtardise ?*
2. *A qui appartient-il ?*
3. *Trois conditions doivent concourir.*
4. *Quid, si l'une des trois manque ?*
5. *Quid, lorsque le bâtard a été légitimé par le roi ?*
6. *Le seigneur ne succède qu'aux biens qui sont dans sa justice.*
7. *Quid, lorsqu'on ignore où est né le bâtard ?*
8. *Que faut-il faire aussi-tôt le decès du bâtard ?*
9. *La femme d'un bâtard lui succède-t-elle ?*

I.

LE droit de bâtardise, est celui en vertu duquel le seigneur haut-justicier succède au

Cc ij

bâtard décédé *ab inteſtat.*
Ubique.

I I.

2. A qui appartient-il?

Il appartient au haut-juſticier excluſivement, au moyen ou bas-juſticier, & ſeigneur féodal, s'il n'y a coutume au contraire.

Baquet, du droit de bâtardiſe, chap. 8. n. 3. & chap. 2. de la déſh. in fine.

I I I.

3. Trois conditions doivent concourir.

Pour que le ſeigneur haut-juſticier puiſſe ſuccéder à un bâtard décédé *ab inteſtat,* il faut que trois conditions concourent. **La** première, que le bâtard ſoit né dans l'étendue de ſa haute juſtice ; la ſeconde, qu'il y ait fait ſa réſidence ; la troiſième enfin, qu'il y ſoit décédé ; à moins que la coutume n'ait une diſpoſition contraire.

Baquet, chap. 23. n. 1. des droits de juſtice.

I V.

4. Quid, ſi l'une des

Si l'une de ces trois conditions

manque, la succession de ce bâtard, tant en meubles qu'immeubles, en quelques lieux qu'ils soient situés, appartient au roi.

trois manque?

Ibidem.

V.

Quoique le bâtard ait été légitimé par lettres du prince, cela n'empêche point que le roi ne lui succède, si les trois conditions ci-dessus ne concourent; l'effet de cette légitimation étant de donner une certaine aptitude au bâtard pour posséder office, &c. & non d'effacer la tache de sa naissance.

5. Quid, lorsque le bâtard a été légitimé par le roi?

Id. chap. 11. *n.* 1. *&* 4. *du droit de bâtard.* 2. *partie.*

V I.

Quoique ces trois conditions ci-dessus concourent, le haut-justicier ne peut avoir que les biens situés dans l'étendue de sa haute justice; le surplus des biens, c'est-

6. Le seigneur ne succede qu'aux biens qui sont dans sa justice.

à-dire ceux qui font fitués ailleurs, appartiennent au roi.
Id. chap. 8. 1. *partie*, *n.* 18. *&* 19.

V I I.

7. Quid,
lorfque l'on
ignore où eſt
né le bâtard?

Si l'on n'a aucune connoiffan-
ce de l'endroit où le bâtard défunt étoit né, on préfume alors
qu'il étoit né dans l'endroit où il
faifoit fa réfidence, & où il eſt
décédé.
Ibid. n. 19.

V I I I.

8. Que faut-
il faire auffi-
tôt le décès
du bâtard?

Dès que le bâtard eſt décédé,
le procureur fifcal du feigneur
haut-jufticier doit faire faifir les
biens délaiffés par ce decès; &
après une information fommaire-
ment faite, pour conftater que
l'on ne connoit pas de père au défunt, & qu'il étoit bâtard, il les
fait déclarer appartenir au feigneur haut-jufticier, par droit
de bâtardife, contradictoirement

avec un curateur aux biens vacans.

Ibid. n. 20.

I X.

Au défaut d'enfans, la femme
du bâtard lui succède, à l'exclusion du seigneur haut-justicier.

Brodeau, sur Louet, L. V. som. 13.

9. La femme
d'un bâtard
lui succède-
t-elle ?

CHAPITRE XXXIII.

Du Droit de Poids, Mesures & Etalonage.

1. *Les seigneurs hauts - justiciers ont-ils le droit de poids, mesures & étalonage ?*
2. *En quoi consiste le droit de poids ?*
3. *Qu'est-ce que celui d'étalonage ?*
4. *A qui appartient le droit de donner des mesures ?*
5. *En quoi consiste le droit de mesurage ?*
6. *Un seigneur peut-il établir une nouvelle mesure ?*

I.

1. Les seigneurs hauts-justiciers ont-ils le droit de mesure & ésalonage ?

Les seigneurs hauts-justiciers ont droit de poids, de mesures & d'étalonage dans l'étendue de leurs justices, s'il n'y a coutume au contraire.

Baquet.

Baquet, des droits de justice, chap. 27. *n.* 19.

I I.

Le droit de poids consiste à avoir seul droit de peser pour autrui, à grandes balances & poids au-dessus de vingt-cinq livres ; étant néanmoins permis aux bourgeois d'en avoir pour soi en leurs maisons ; & pour ce, appartient au seigneur douze deniers pour cent livres des marchandises qu'on pèse à son poids ; lequel droit il peut affermer : & pour le percevoir, il doit avoir des bonnes & fortes balances, & des poids de toutes sortes.

Loyseau, des seigneuries, du droit de police, chap. 9. *n.* 38.

I I I.

Le droit d'étalonage consiste dans la faculté d'avoir un étalon de chaque poids & mesure, auquel tous les poids & mesures doi-

D d

vent être conformes : il appartient aussi au haut-justicier.

Etablissemens de saint Louis, en 1270. chap. 38. ord. du Louvre, t. 1. p. 136.

I V.

4. A qui appartient le droit des mesures?

Le droit de donner des mesures n'appartient ordinairement qu'au haut - justicier ; quelques coutumes le donnent au moyen-justicier

Guyot, des fiefs, tom. 6. du stellage, n. 5.

V.

5. En quoi consiste le droit de mesurage?

S'il n'y a titre d'exemption bien clair & bien précis, le droit de mesurage doit se prendre, tant sur les grains du crû que de commerce, soit qu'ils soient vendus & mesurés dans les maisons, soit qu'ils soient portés au marché ; parce que les mesures n'ont été données par nos rois, & confirmées aux seigneurs qui en jouissent, que pour que le public ne soit pas fraudé dans l'achat qu'il fait des bleds

& autres grains, & afin que l'on ne vende, ni n'achéte à fausse mesure : & comme pour le mesurage il y a des droits nécessairement établis, il faut les payer.

Ibidem.

V I.

Un seigneur haut-justicier, qui n'a aucun usage ni exercice d'une mesure particulière, n'en peut point établir une nouvelle ; il est obligé de suivre celle du plus prochain marché, quoique seigneurial.

6. Un seigneur peut-il établir une nouvelle mesure ?

Arrêt de réglement des grands jours de Clermont, du 19. Janvier 1666. art. 16.

CHAPITRE XXXIV.

De la Taille aux quatre cas.

1. *Quels font les cas où fe lève cette taille ?*

2. *Eft-elle perfonnelle ou réelle ?*

3. *Le cas de chevalerie a-t-il encore lieu ?*

4. *Le feigneur eft obligé de doter fa fille, pour pouvoir exiger cette taille.*

5. *Qui peut jouir de ce droit ?*

6. *Quelle en eft la quotité ?*

7. *Quid, quand dans une même année il fe rencontre plufieurs cas ?*

8. *Ce droit eft-il prefcriptible ?*

9. *Dans quel cas feul un feigneur peut-il établir une taille fur fes fujets ?*

I.

LEs quatre cas où la taille eſt due, ſont : 1°. le cas de chevalerie : 2°. le voyage d'outremer, qui avoit lieu pour viſiter la terre ſainte ; il n'a plus lieu : 3°. le cas de rançon, qui n'eſt guère en uſage ; les priſonniers de guerre n'étant plus ſujets à payer leur rançon : 4°. le mariage de la fille aînée du ſeigneur.

Guyot, tom. 6. de la taille aux quatre cas, chap. 3.

1. Quels ſont les cas où ſe lève cette taille ?

I I.

Ce droit, qui ne ſe lève ordinairement qu'avec titre ou en vertu de la coutume, eſt perſonnel ou réel. Il eſt perſonnel, quand il eſt dû à un haut-juſticer à cauſe de ſa juſtice. Il eſt réel, s'il eſt dû au ſeigneur à cauſe du fief ; par la raiſon que telle a été la loi de la conceſſion de l'héritage : & alors

2. Eſt-elle perſonnelle ou réelle ?

il fe lève fur les terres, fi la coutume ne le règle pas.

Id. chap. 1. n. 6.

I I I.

2. Le cas de chevalerie a-t-il encore lieu ?

Le cas de chevalerie eft changé de l'ancienne forme, qui n'étoit que le baudrier ou ceinture de chevalier ; la taille en ce cas ne fe permet aujourd'hui que pour l'ordre du faint Efprit.

Salvaing, des fiefs, chap. 29. Boucheul, fur l'art. 188. de Poitou. Bafnage, fur 168. de Normandie. Dupineau, fur 128. d'Anjou.

I V.

4. Le feigneur eft obligé de doter fa fille pour pouvoir exiger cette taille.

Pour que le feigneur, en mariant fa fille, puiffe exiger la taille de fes fujets, il doit la doter, & demander le droit avant que de payer la dot, & avant le mariage ; à moins que le feigneur n'ait notifié à fes fujets le traité de mariage, & qu'il n'ait déclaré qu'il lévera ce droit quand ce mariage fera fait.

Guyot, chap. 3. n. 14.

V.

Pour lever ce droit, il faut être seigneur de la terre ; d'où il suit que l'usufruitier & l'engagiste n'en peuvent jouir, excepté dans la coutume d'Auvergne, titre 25. art. 9. Il ne se perçoit que sur les roturiers, s'il n'y a titre ou coutume au contraire.

Salvaing, chap. 49. D'Argentré, sur Bretagne, art. 87. n. 1. Guyot, chap. 5.

5. Qui peut jouir de ce droit ?

V I.

Quant à la quotité de ce droit, lorsqu'elle n'est pas fixée par les titres, la jurisprudence universellement reçue, est de doubler les cens.

Guyot, chap. 4. Henris, tom. 2. liv. 3. quest. 25.

6. Quel en est la quotité ?

V I I.

En cas de rencontre de plusieurs des quatre cas dans une même année, on lève une taille dans

7. Quid ; quand dans une même année il se rencontre plusieurs cas ?

l'an du pre miercas, & les autres les années suivantes.

Salvaing , suprà cit. chap. 49.

VIII.

8. Ce droit est-il prescriptible ? Cette taille est imprescriptible par les tenanciers & hommes du seigneur.

Guyot , chap. 6. n. 2.

IX.

9. Dans quel cas seul un seigneur peut-il établir une taille sur les sujets ? Il est défendu à tous seigneurs de lever sur leurs sujets aucunes tailles, ni impositions, si ce n'est quand leurs sujets peuvent être contraints par justice de les payer.

Ordonnance de Blois , art. 280.

CHAPITRE XXXV.

Du Ban de Moisson.

1. Qu'est-ce que le ban de moisson ?
2. A-t-il lieu aujourd'hui ?
3. Il doit être publié ?
4. Les communautés doivent nommer des messiers.
5. Peut-on forcer tous les habitans d'être messiers ?
6. Les messiers sont responsables des délits.
7. En cas d'insolvabilité des messiers, les communautés en sont responsables.
8. Dans quel délai doivent-ils faire leur rapport ?
9. Défenses de glaner avant l'enlévement total des gerbes.
10. A qui est-il permis de glaner ?

I.

1. Qu'est-ce que le ban de moisson ?

LE ban de moisson consiste à ne pouvoir commencer les moissons sans la permission du juge, qui ne l'accorde que sur les conclusions du procureur du roi ou fiscal, & après avoir pris l'avis des anciens & principaux habitans sur la maturité des grains. Ce droit est attaché à la justice, comme étant de police.

I I.

2. A-t-il lieu aujourd'hui ?

Quelques auteurs ont prétendu que ce ban étoit aboli; mais les mêmes motifs d'une bonne police & de l'utilité publique, qui ont donné lieu à l'établissement des autres bans, doivent avoir lieu pour celui des moissons, fauchaisons, & autres récoltes; & c'est une erreur de prétendre que ce droit soit aboli par toute la France: s'il est négligé en plusieurs endroits, ce n'est que par la faute des officiers des lieux, qui ont

perdu de vue les anciennes ordonnances à ce sujet.

*Bouhier, en ses observations sur la
coutume de Bourgogne.*

I I I.

On ne peut commencer les
moissons, qu'au préalable il n'y
ait eu un ban publié.

3. Il doit être publié.

Ordonnance de Blois, art. 49. *Arrêt du* 6. *Juillet* 1688. *au journal des
audiences.*

I V.

Pour la conservation des biens
de la terre, on astreint ordinairement les communautés à commettre tous les ans des messiers,
qui prêtent serment devant le juge, & dont les fonctions ont pour
objet de prendre les bestiaux qu'ils
trouvent en mésus, les mettre en
fourrière, & en faire leur rapport.

4. Les communautés doivent nommer des messiers.

V.

Tous bourgeois qui exercent
une profession honnête, & les
bons marchands ne peuvent &

5. Peut-on forcer tous les habitans d'être messiers?

ne doivent être nommés meſſiers.

Arrêts du parlement de Bourgogne, des 9. Février 1706. & 27. Novembre 1744. rapportés par Frémainville, tom. 3. page 478.

V I.

6. Les meſ-
ſiers ſont reſ-
ponſables des
délits.

Les meſſiers ſont reſponſables des délits commis dans l'étendue de leur garde.

Taiſan, ſur l'art. 6. du tit. 1. de la coutume de Bourgogne.

V I I.

7. En cas
d'inſolvabi-
lité des meſ-
ſiers, les
communau-
tés en ſont
reſponſables.

En cas d'inſolvabilité des meſ-ſiers, les communautés qui les ont nommés, ſont reſponſables envers les propriétaires des délits cauſés dans leurs héritages, lorſ-qu'il n'y en a point de rapport fait par les meſſiers.

Ibidem.

V I I I.

8. Dans
quel délai
doivent - ils
faire leur
rapport?

Le délai dans lequel les meſſiers doivent faire leur rapport, dé-pend de la diſpoſition des coutu-mes : les unes le fixent à trois jours, d'autres ne donnent que vingt-quatre heures.

I X.

Il est défendu de glaner avant que les grains, champart & dixmes ne soient enlevées ; & ce, à peine de punition corporelle.

9. Défenses de glaner avant l'enlévement total des gerbes.

Ordonnance de Novembre de 1554.
Arrêt du 23. Janvier 1731.

X.

Il n'est permis qu'aux pauvres, aux vieilles personnes, & aux enfans qui ne font point en état de moissonner, de glaner.

10. A qui est-il permis de glaner ?

Ordonnance de 1554. art. 10.

CHAPITRE XXXVI.

Du Ban de Vendanges, & des Vignes.

1. *Qu'est-ce que le ban de vendanges ?*

2. *Il est un droit de justice.*

3. *Il appartient au haut-justicier.*

4. *Il n'est permis à personne de vendanger avant l'ouverture du ban.*

5. *Le seigneur peut vendanger avant les habitans.*

6. *Ceux qui ont des vignes closes & isolées, le peuvent aussi.*

7. *L'ouverture des vendanges s'arrête sur l'avis des principaux vignerons.*

8. *Les experts doivent prêter serment.*

9. *Les communautés doivent nommer des gardes de vignes.*

10. *Leurs salaires doivent être payés par les propriétaires des vignes.*

11. *Ces gardes ne peuvent entrer dans les vignes.*

12. *Il n'est point permis de regraper, que tout le canton ne soit vendangé.*

13. *Les vignes sont défensables en tous temps.*

14. *Il n'est point permis de faire de nouvelles plantations de vignes.*

15. *Les échalas font partie de la vigne.*

I.

LE ban de vendanges est le droit qu'à le seigneur ou ses officiers de fixer & arrêter le temps pour commencer les vendanges.

1. Qu'est-ce que le ban de vendanges?

I I.

Le droit de publier l'ouverture des vendanges est un droit de justice & de police.

2. Il est un droit de justice.

Loysel, instit, L. 2. tit. 2. n. 16.

I I I.

3. Il appartient au haut-justicier.

Ce droit appartient au seigneur haut - justicier, à l'exclusion du seigneur censier & du moyen & bas - justicier, à moins qu'il n'y ait titre ou possession, ou coutume au contraire.

Salvaing, des fiefs, ch. 39. Boucheul, sur Poitou, art. 62. n. 3. & 4.

I V.

4. Il n'est permis à personne de vendanger avant l'ouverture du ban.

Il n'est permis à personne de vendanger avant l'ouverture des vendanges, à peine d'amende, quelquefois même de la confiscation de la vendange.

Nevers, chap. 13. art. 4. & 6. Arrêt du 22. Juin 1660. rapporté par le Prêtre. Autre du 6. Octobre 1758. pour la prévôté de Clermont en Argonne.

V.

5. Le seigneur peut vendanger avant les habitans.

Le seigneur a droit de vendanger un jour ou deux avant ses justiciables.

Salvaing, suprà citat.

V I.

6. Ceux qui ont des

Ceux qui ont des vignes closes
&

& isolées des autres, peuvent les vendanger quand bon leur semble.

Nevers, tit. 15. art. 4.

V I I.

Le juge ne peut donner le ban de vendanges que sur le rapport des principaux vignerons. Lorsque cette visite est faite, le juge se transporte au château où est le seigneur, & où ordinairement s'assemblent les principaux habitans; auquel lieu les experts font rapport de l'état des vignes : & si le seigneur est présent, il détermine lui-même, par le plus grand nombre des suffrages, le jour des vendanges, dont le juge dresse un procès verbal sur les conclusions du procureur fiscal.

Nevers, chap. 13. art. 4. Arrêt du 22. Juin 1600. rapporté par le Prêtre.

V I I I.

Les vignerons experts, nommés à la diligence du procureur

vignes closes & isolées, le peuvent aussi.

7. L'ouverture des vendanges s'arrête sur l'avis des principaux vignerons.

8. Les experts doivent prêter serment.

fiscal, doivent prêter serment devant le juge, avant que de procéder à la visite ; après leur visite, ils doivent faire leur rapport, & l'affirmer le même jour.

Arrêt de réglement du parlement de Dijon, du 29. Avril 1717.

I X.

9. Les communautés doivent nommer des gardes de vignes.

L'utilité publique veut que, quand les raisins commencent à mûrir, les habitans préposent un ou plusieurs gardes, pour veiller à ce que personne n'entre dans les vignes. Quand ces gardes ont prêté serment en justice, ils sont crus sur leur rapport.

X.

10. Leurs salaires doivent être payés par les propriétaires des vignes.

Tous ceux qui ont des vignes non encloses de murailles, sont tenus de contribuer au salaire du garde, chacun à proportion de la quantité de vignes qu'il possède.

Code rural, chap. 31. n. 4.

X I.

Ceux qui font prépofés pour la garde des vignes, ne peuvent y entrer, fi ce n'eft pour reprendre les perfonnes ou les bêtes qui y feroient entrées : ils doivent entretenir les paffages clos & bouchés, en forte que par leur faute & négligence, lefdites bêtes n'y puiffent entrer.

Coutume de Berry, tit. 15. *art.* 3.

X·I I.

Il n'eft permis à perfonne d'entrer dans les vignes pour regraper, que tout le canton ne foit vendangé.

Ibid. art. 7.

X I I·I.

Les vignes font défenfables en tous temps ; & il n'eft point permis d'y introduire aucune forte de beftiaux.

Bourbonnois, 526.

X I V.

Il eft défendu aujourd'hui de

E e ij

de faire des nouvelles plantations de vignes.

faire aucune nouvelle plantation de vignes, à peine de mille écus d'amende.

Arrêt du conseil, du 5. Juin 1731.

X V.

15. Les échalas font partie de la vigne.

Les échalas qui ont une fois servi à la vigne, & qui n'en ont été retirés que dans le deſſein de les y remettre, font partie de la vigne.

Le Brun, traité de la communauté. liv. 1. chap. 5. ſect. 2. n. 20.

CHAPITRE XXXVII.

Du Droit de Banvin.

1. Qu'est-ce que le droit de banvin?
*2. Comment en doit jouir le seigneur
à qui il appartient?*

I.

LE droit de banvin consiste dans la liberté que le sei- gneur a, par un juste titre & pos- session, de vendre le vin de son crû, c'est-à-dire qu'il recueille, pendant un certain temps de l'an- née, & d'empêcher que nul au- tre que lui n'en vende pendant ledit temps.

1. Qu'est-ce que le droit de ban- vin?

Dictionnaire de Trévoux , au mot banvin.

I I.

Le seigneur qui a ce droit, ne doit en jouir que sous les condi- tions suivantes.

2. Com- ment en doit jouir le sei- gneur à qui il appartient?

1°. Le titre de ce droit doit être d'une date antérieure au premier Avril 1560. Il eſt défendu d'avoir égard aux aveux & dénombremens anciens, s'ils n'ont été reçus avec les officiers du roi, qui en doivent connoître.

2°. Il eſt obligé de ſouffrir les viſites des commis aux aides.

3°. Il doit leur déclarer le vin qu'il a recueilli de ſon crû.

4°. Il doit auſſi déclarer la qualité de ſes vignes & leur situation, par tenans & aboutiſſans.

5°. Il doit faire publier au prône de la paroiſſe le jour qu'il fera l'ouverture du ban.

6°. L'acte de cette publication doit être ſignifié au fermier des aides, huit jours avant l'ouverture du ban.

7°. Il ne peut vendre d'autres vins que de ſon crû, ou provenans de dixmes inféodées, ou du preſſoir bannal, & ailleurs qu'en

la maison seigneuriale, à pot &
à pinte, sans assiettes, & par les
mains de ses domestiques, sans
pouvoir affermer ce droit.

Faute par le seigneur d'observer ces formalités, il est tenu de
payer le droit du vin vendu pendant le temps du ban ; il est privé
de son droit de banvin, non seulement pour cette année, mais
encore pour la suivante : & en cas
de récidive, il en est déchu pour
sa vie.

Voyez l'ordonnance des aides, tit. 8.

CHAPITRE XXXVIII.

Des Boucheries Bannales, & Taureau bannal.

1. *Qu'entend-on par boucheries bannales ?*

2. *Quels font les droits qu'elles procurent aux feigneurs hauts-jufticiers ?*

3. *Peuvent-ils exiger les langues de veaux ?*

4. *Du taureau bannal.*

I.

1. Qu'entend-on par boucheries bannales ?

LEs boucheries bannales font celles qni font établies dans quelques feigneuries, où il eft défendu aux bouchers de vendre dans leurs maifons, ni ailleurs qu'à la boucherie bannale.

II.

I I.

C'est de cet établissement que prennent origine les droits que la plupart des hauts-justiciers ont de lever sur les bouchers les langues & les pieds des bêtes qu'ils tuent pour être vendues dans la boucherie bannale, à cause de la permission que le seigneur leur a donnée de s'établir & d'exercer leur métier dans sa seigneurie. Mais ce droit de boucherie bannale ne peut avoir lieu sans titre.

Frémainville, des bannalités, tom. 2. *sect.* 8. *quest.* 1.

2. Quels sont les droits qu'elles procurent aux seigneurs hauts-justiciers?

I I I.

Les seigneurs ne peuvent prétendre les langues de veaux, parce que sans elles, les têtes ne pourroient être vendues si facilement.

Arrêt du 21. *Juin* 1656. *rapporté par Henris, tom.* 2. *liv.* 3. *quest.* 9.

3. Peuvent-ils exiger les langues de veaux?

I V.

Quelques seigneurs ont aussi le

4. Du taureau bannal.

droit de taureau bannal; ce qui dépend des titres & de la poſſeſſion : quand ils ne l'ont pas, il appartient ou aux communautés d'habitans, ou aux décimateurs : ce qui dépend de l'uſage.

CHAPITRE XXXIX.

Des Bois.

1. *Les seigneurs qui ont des bois, doivent se conformer à l'ordonnance des eaux & foréts.*

2. *Les grands maîtres & officiers des maîtrises y ont droit de visite.*

3. *A quel âge peut-on couper le taillis ?*

4. *Dans quel temps peut- on mettre la coignée dans le bois ?*

5. *Comment doit s'en faire l'exploitation ?*

6. *Les officiers des seigneurs connoissent des délits commis dans leurs bois.*

7. *Les seigneurs peuvent cependant se pourvoir par-devant les officiers des maîtrises.*

8. *Quid, lorsque les seigneurs*

commettent des délits dans leurs bois ?

9. Ils ne peuvent couper leur futaie sans permission.

10. La vente d'une futaie produit-elle des droits seigneuriaux ?

11. Du tiers que les seigneurs ont dans les bois communaux.

12. Quand ils l'ont, peuvent-ils prétendre quelque chose dans la part des habitans ?

13. Les officiers des seigneurs sont tenus de faire l'assiette des coupes des communautés sans frais.

14. Les communautés sont tenues de nommer des gardes tous les ans.

15. Ces gardes doivent prêter serment.

16. Dans quel délai doivent-ils faire leur rapport ?

17. L'action qui résulte d'un rapport, est annale.

18. Les amendes appartiennent au seigneur.

19. *Où se relèvent les appellations des juges des seigneurs en matiè-re d'eaux & foréts ?*

20. *Les engagistes ne peuvent cou-per la futaie des bois engagés.*

I.

LEs seigneurs qui ont des bois, doivent en les exploi-tant, se conformer à l'ordonnan-ce de 1669. & laisser le nombre des baliveaux & reserves prescrit.

Ordonnance de 1669. tit. 26. art. 1.

1. Les sei-gneurs qui ont des bois, doivent se conformer à l'ordonnance des eaux & foréts.

I I.

Les grands-maîtres & officiers des maîtrises, dans le ressort des-quelles ces bois sont situés, peu-vent y faire des visites toutes & quantes fois ils le jugent à pro-pos, pour y faire observer l'or-donnance.

Ibid. art. 2.

2. Les grands-maî-tres & offi-ciers des maî-trises y ont droit de vi-site.

I I I.

Il n'est point permis de couper le taillis avant dix ans de recrue.

Ibid. art. 1.

3. A quel âge peut-on couper le tail-lis ?

F f iij

I V

4. Dans quel temps peut-on mettre la coignée dans le bois ?

On ne doit couper le bois que depuis la mi-Octobre jufqu'à la mi-Avril : hors ce temps, il eft défendu de rien couper & abattre, à caufe de la féve.

Ibid. tit. 1 5. *art.* 40. *Loix foreftières, fur cet article.*

V.

5. Comment doit s'en faire l'exploitation ?

Le taillis doit être abattu à la coignée, à fleur de terre, avec réferve de feize baliveaux par arpent ; & la futaie le plus bas que faire fe pourra, avec réferve de dix arbres par arpent ; pour en difpofer par les feigneurs après l'âge de quarante ans pour le taillis, & de cent vingt ans pour la futaie..

Ibid. tit. 1 5. *art.* 42. & *tit.* 26. *art.* 1.

V I.

6. Les officiers des feigneurs connoiffent des délits com-

Les juges des feigneurs ont droit de connoître des abus & malverfations qui fe commettent

dans leurs bois, ainsi que des délits concernant la chasse & la pêche. Lorsque ces seigneurs n'ont
qu'un juge ordinaire, les officiers
de la maîtrise du ressort ont droit
de prévention & de concurrence
sur ce juge : mais s'ils ont droit
d'avoir un juge gruyer, la maîtrise ne peut le dépouiller d'office ; elle peut seulement le préve-
nir, lorsqu'elle en a été requise
par les parties ; & dans ce cas, le
seigneur ne peut pas révendiquer
la cause.

*Ibid. tit. 1. art. 12. Frémainville,
tom. 3. chap. 2. sect. 1. quest. 1. en
sa pratique des terriers. Loix forestières, chap. 1. sur l'art. 12. Déclaration du roi, du 8. Janvier 1715.*

V I I.

Quand les seigneurs hauts-justiciers ne veulent pas se pourvoir
par-devant leurs officiers pour faire punir les délinquans en leurs
bois, ils ont la liberté de se pourvoir

F f iv

par-devant les grand maître & officiers des maîtrises. Dans ce cas, les amendes appartiennent au roi, & les dommages & intérêts au propriétaire.

Ordonnance de 1669. tit. 26. art. 5. Loix forestières, sur le même article, tom. 2. chap. 4. sect. 5.

V I I I.

8. *Qu'il, lorsque les seigneurs commettent de délits dans leurs bois?*

Lorsque les seigneurs commettent des abus & délits dans leurs bois, c'est aux officiers de maîtrise à en connoître, sans qu'ils aient été réquis ni prévenus.

Ibid. tit. 1. art. 13.

I X.

9. Ils ne peuvent couper leur futaie sans permission.

Les seigneurs qui possèdent des bois de haute futaie, à quelque distance que ce soit de la mer, ne peuvent les faire exploiter sans en avoir fait six mois auparavant leur déclaration au greffe de la maîtrise particulière des eaux & forêts des lieux, avec mention de la quantité, qualité, essence, âge

& situation, à peine de trois mille livres d'amende & de confiscation.

Arrêt du conseil, du 1. *Mars* 1757.

X.

La vente d'une futaie pour couper, soit pour l'usage du propriétaire, soit pour son profit, ne doit aucuns droits seigneuriaux.

Guyot, des fiefs, tit. des lods & ventes, chap. 7. *n.* 7.

10. La vente d'une futaie produit-elle des droits seigneuriaux?

X I.

Lorsque les communautés ont des bois de la concession gratuite des seigneurs, sans aucune charge de cens, redevance ou servitude, le tiers en peut être distrait au profit de ces seigneurs, en cas qu'ils le demandent, & que les deux autres suffisent pour l'usage de la paroisse ; sinon le partage n'aura lieu : dans lequel cas, les seigneurs & habitans doivent jouir en commun. *Idem dicendum*

11. Du tiers que les seigneurs ont dans les bois communaux.

des prés , marais & graffes pâtures.

Ordonnance de 1669. tit. 25. art. 4.

X I I.

12. Quand ils l'ont, peuvent-ils prétendre quelque chofe dans la part des habitans ?

Les feigneurs qui ont leur triage , ne peuvent rien prétendre à la part des habitans , qui demeurera à la communauté , franche & déchargée de tout autre ufage & fervitude.

Ibidem, art. 5.

X I I I.

13. Les officiers des feigneurs font tenus de faire l'affiette des coupes des communautés fans frais.

Les officiers des feigneurs doivent faire l'affiette des coupes ordinaires des communautés fans frais.

Ibid. art. 9.

X I V.

14. Les communautés font tenues de nommer des gardes tous les ans.

Les habitans doivent prépofer tous les ans un ou plufieurs gardes pour la confervation de leurs bois communs ; faute de quoi, le juge du feigneur y pourvoira, & taxera d'office les falaires qui fe-

ront payés par la communauté.
Ibid. art. 14.

X V.

Ces gardes doivent prêter serment & faire leur rapport par-devant les officiers des maîtrises ou
grueries, si leur résidence n'est
éloignée que de quatre lieues; mais
si elle est dans une plus grande
distance du siége de la maîtrise ou
gruerie, dans ce cas c'est le juge du lieu qui reçoit les sermens,
& juge les rapports qui se font
par-devant lui.
Ibid. art. 15.

15. Ces gardes doivent prêter serment.

X V I.

Les gardes doivent faire leur
rapport deux jours au plus après
le délit commis; faute de quoi,
ils en sont responsables.
Ibid. tit. 10. *art.* 9.

16. Dans quel délai doivent-ils faire leur rapport?

X V I I.

L'action qui résulte d'un rapport fait par les gardes, est anna-

17. L'action qui résulte d'un rapport, est annale.

le ; & lorfqu'elle n'a pas été intentée dans l'année, elle eft prefcrite.

Saligny, fur l'article 120. *de la coutume de Vitry.*

XVIII.

18. Les amendes appartiennent au feigneur.

Les amendes & confifcations adjugées contre les particuliers pour les délits commis dans les bois, appartiennent au feigneur haut-jufticier, en la juftice de qui elles fe prononcent ; & les dommages & intérêts à la communauté.

Ordonnance de 1669. *tit.* 25. *article* 21.

XIX.

19. Où fe relèvent les appellations des juges des feigneurs en matiere d'eaux & forêts ?

Les appellations des fentences & jugemens rendus par les officiers des feigneurs hauts-jufticiers fur le fait des eaux & forêts, fe relèvent directement aux fiéges des tables de marbre.

Ibid. tit. 14. *art.* 8.

XX.

20. Les engagiftes ne

Les douairières, donataires,

usufruitiers & engagistes ne peu- peuvent couper la futaie des bois en-gagés.
vent disposer d'aucune futaie,
arbres anciens, modernes, ou
baliveaux sur taillis, ni des chablis,
arbres de délit, amendes & res-
titutions.

Ibid. titre 22. *article* 5. *& tit.* 27.
article 2.

CHAPITRE XL.

Des Pâturages.

1. *Du tiers que les seigneurs ont dans les pâturages des communautés.*

2. *Combien de sortes de pâturages?*

3. *Qu'est ce que les grasses?*

4. *Qu'est-ce que les vaines?*

5. *Quand peut-on mener les troupeaux dans les chaumes?*

6. *Du parcours.*

7. *Quand cesse-t-il d'avoir lieu?*

8. *Du regain.*

9. *Les prés à regain, quand sont-ils vaine pâture?*

10. *Les prés fiefs sont-ils sujets à la vaine pâture?*

11. *Est-il permis à tout le monde d'avoir des troupeaux?*

12. *Des embannies ou réserves.*

13. *Quel en est l'objet?*

14. *Ne doivent point fermer le chemin du parcours.*

15. *Du troupeau à part.*

16. *Le droit en est-il cessible ?*

17. *Les vignes sont défensables en tous temps.*

18. *Quand les prés le sont-ils ?*

19. *Ils le font en tous temps pour les porcs , moutons , chévres & oies.*

I.

LOrsque les prés , marais , isles , pâtis , landes , bruyè-res , & grasses pâtures qui appar-tiennent aux communautés d'ha-bitans , font de la concession gra-tuite des seigneurs , sans aucune charge , ces seigneurs peuvent en demander distraction du tiers à leur profit , au cas que les au-tres suffisent pour l'usage de la paroisse ; sans quoi le partage n'aura lieu ; & alors le seigneur & les habitans doivent jouir en commun.

1. Du tiers que les sei-gneurs ont dans les pâtu-rages des communau-tés.

Ordonnance de 1669. titre 25. article 4.

I I.

2. Combien de fortes de pâtures?

On diſtingue ordinairement deux fortes de pâtures : les graſſes, & les vaines.

I I I.

3. Qu'eſt-ce que les graſſes?

Les graſſes pâtures ſont les landes, marais, pâtis & bruyères, où il n'y a que les uſagers ſeuls qui puiſſent faire pâturer leurs beſtiaux.

I V.

4. Qu'eſt-ce que les vaines?

Les vaines pâtures ſont les grands chemins, les prés après la dépouille, les terres en friche, & généralement les héritages où il n'y a ni fruits ni ſemences, les bois de haute futaie, & les taillis quand ils ont été déclarés défenſables par les officiers de maîtriſe.

V.

5. Quand peut-on mener les troupeaux...

On ne peut mener les beſtiaux pâturer dans les chaumes, qu'après

près un certain temps, afin que l'on puisse glaner. Ce temps dépend des coutumes ou de l'usage; quelques-unes le fixent à trois jours, d'autres à vingt-quatre heures après l'enlèvement des gerbes.

V I.

Le parcours est le droit que quelques communautés limitrophes ont de mener leurs bestiaux respectivement dans les vaines pâtures jusqu'aux équerres des clochers & églises; & s'il n'y a église, jusqu'au milieu des villages.

Vitry, art. 122. *Bar,* 206. *Saint-Mihiel, titre* 13. *art.* 7.

V I I.

Le droit de parcours cesse lorsque les bestiaux sont atteints de maladies épidémiques.

Arrêt de réglement, du 24 *Mars* 1745. *art.* 2.

Gg

V I I I.

Pour avoir droit de faire du regain, il faut tenir les prés fermés pendant trois ans, s'il n'y a coutume au contraire.

Saligny, ſur l'art. 122. *de Vitry.*

I X.

Les prés où on fait du regain, ſont en vaine pâture après la Saint-Remi ; mais on n'y peut aller en aucun temps , s'ils ſont clos & fermés.

Sens , art. 149. *Montargis, chap.* 4. *art.* 1. *Orléans ,* 147.

X.

Les prés quoique fiefs ſont ſujets à la vaine pâture , à moins qu'ils ne ſoient joignans au manoir du fief dont ils dépendent.

Montargis , chap. 4. *art.* 2.

X I.

Il eſt permis à tout le monde d'avoir des troupeaux pour les engraiſſer ou les nourrir chez ſoi ; mais quand on veut les envoyer dans les pâturages ordinaires , ceux à qui ils appartiennent , doivent les réduire à raison d'une bête par chaque arpent qu'ils possèdent.

Arrêts des 13. *Août* 1661. 7. *Août* 1638. 25. *Mai* 1647. 7. *Sept.* 1709. 11. *Août* 1719. & 23. *Juillet* 1721.

X I I.

Il y a plusieurs coutumes où les communautés sont autorisées à mettre en réserve une partie de leur ban après la dépouille, pour y laisser croître l'herbe à loisir, avec défenses à tous particuliers d'y mener leurs bestiaux.

Saint-Mihiel , tit. 13. *art.* 5. & 6. *Verdun ,* 246. *Metz , tit.* 12. *art.* 7. *Lorraine , tit.* 8. *art.* 4. *Sedan , art.* 103. *Clermont en Argonne ,* 337.

X I I I.

Cette réserve , que quelques coutumes appellent épargnes & embannies, est faite pour y faire pâturer seulement les bestiaux employés à la culture des terres. Cette réserve ne devient vaine pâture, que quand toutes les femences font faites, & après que le ban eft levé au fon de la cloche. Pour être régulièrement faite, elle doit être notifiée par écrit aux habitans qui ont droit de parcours fur le ban ; après quoi, il ne leur eft plus permis d'y envoyer leurs beftiaux, que l'embannie ne foit rompue.

Verdun, art. 246. *Saint - Mihiel, tit.* 13. *art.* 5.

X I V.

14. Ne doivent point fermer le chemin du parcours.

Cette réferve doit être faite de façon que le chemin de la vaine pâture ne foit point fermé aux troupeaux des communautés qui ont droit de parcours.

Verdun, art. 248. *Saint - Mihiel, art.* 6. *du tit.* 13.

X V.

37. Du troupeau à part.

Il y a plufieurs coutumes qui

accordent au seigneur haut-justicier le droit de faire troupeau à
part; telles que Lorraine, Saint-
Mihiel, Thionville, &c.

X V I.

Le fermier du seigneur n'a
point ce droit, qui est regardé
comme honorifique, & par cette
raison incessible; à moins qu'il n'y
ait coutume au contraire, comme
Lorraine, art. 31. tit. 15.

16. Le droit en est-il cessible?

X V I I.

Les vignes sont défensables en
tous temps, & il n'est pas permis
d'y introduire aucune sorte de
bestiaux.

Ubique.

17. Les vignes sont défensables en tous temps.

X V I I I.

Les prés sont défensables depuis la mi-Mars jusqu'à ce qu'ils
aient été fauchés, ou jusqu'après
les embannies.

Loisel, inst. liv. 2. tit. 2. n. 18.

18. Quand les prés le sont-ils?

X I X.

Les porcs, chévres, moutons & oies ne peuvent jamais être menés dans les prés, à cauſe du dommage qu'ils y feroient.

Saligny, ſur l'art. 122. de Vitry.

19. Ils le font en tous temps pour les porcs, moutons, chévres & oies.

CHAPITRE XLI.
ET DERNIER.

De la Voirie , des Chemins & Sentiers.

1. *Le droit de voirie appartient-il aux seigneurs hauts-justiciers dans l'étendue de leur justice?*
2. *Leur appartient-il de droit ?*
3. *La police sur les chemins leur appartient-elle ?*
4. *Les communautés sont-elles obligées de réparer les chemins qui sont sur leur ban ?*
5. *Le public peut-il prescrire l'usage d'un sentier ?*
6. *Quelle indemnité doit-on aux particuliers dont on prend le terrein pour faire un chemin ?*
7. *Il est défendu de couper les arbres qui sont sur les chemins.*

8. *Les pâtres doivent empêcher que les bestiaux ne les broutent.*

9. *Il n'est point permis de labourer les grands chemins.*

10. *Les entrepreneurs des chemins peuvent prendre les matériaux où bon leur semble.*

11. *Il est défendu de prendre les pavés des grands chemins.*

12. *Il n'est point permis de combler les fossés qui sont le long des grands chemins.*

13. *Les anticipations sur les grands chemins sont-elles prescriptibles?*

14. *Quelle doit être la largeur des chemins ?*

15. *Il n'est point permis de couper les chemins par des fossés.*

I.

1. Le droit de voirie appartient-il aux seigneurs hauts-justiciers dans l'étendue de leur justice?

LEs chemins de traverse, qui vont de villes à autres, de bourgs, paroisses & villages en d'autres lieux, ainsi que toutes voies & sentiers à pied & à cheval, appartiennent aux seigneurs hauts-

hauts-justiciers dans la justice desquels ils font situés, & font partie de leur domaine, comme en ayant été démembrés pour l'usage, le commerce, les besoins, & l'utilité de leurs habitans.

Frémainville, pratique des terriers, tom. 4. chap. 3. des chemins. Loyseau, des seigneuries, chap. 9. n. 76. Traité de la voirie, par Mellier.

I I.

Hors les coutumes qui accordent au seigneur haut-justicier le droit de voirie, il faut titre ou possession immémoriale; & dans ces deux cas le Roi a la prévention.

2. Leur appartient-il de droit ?

Baquet, des droits de justice, chapitre 28. n. 31.

I I I.

La police sur les grands chemins, & de traverse, & la connoissance des crimes qui s'y commettent, appartiennent aux seigneur hauts-justiciers dans l'étendue de leur justice; mais ils ne

3. La police sur les grands chemins leur appartient-elle ?

peuvent, de leur autorité, les supprimer, changer & rétrécir.

Loyfeau fuprà citat. n. 76. & 78. Mellier, de la voirie.

I V.

4. Les communautés font - elles obligées de réparer les chemins qui font fur leur ban ?

Les communautés font tenues aux réparations & entretiens des chemins qui fe trouvent fur leurs bans ; il faut excepter ceux fur lefquels le feigneur perçoit un droit de péage, & qui font à fa charge.

Arrêt du parlement de Provence, rapporté par Boniface, tom. 4. liv. 10. tit. 3. chap. 23.

V.

5. Le public peut - il prefcrire l'ufage d'un fentier ?

Le public peut prefcrire l'ufage d'un fentier dans une terre, par la poffeffion d'y paffer pendant trente ans.

Arrêts du parlement de Dijon, du 22. Décembre 1706. du 17. Mars 1715. & 29. Décembre 1741. Dupineau, fur Anjou, art. 449. & 454.

V I.

6. Quelle indemnité

Lorfque l'on fait un grand chemin, & que l'on coupe pour cet effet les héritages des particuliers, on doit leur donner en dédommagement le terrein des anciens chemins; & en cas que le terrein defdits chemins ne fe trouve pas contigu aux héritages des particuliers fur lefquels les nouveaux chemins pafferont, ou que la portion de leurs héritages qui refte, foit trop peu confidérable pour être exploitée féparément, les particuliers dont les héritages font contigus tant aux anciens chemins abandonnés qu'aux portions defdits héritages qui fe trouvent coupés par les nouveaux chemins, font tenus du dédommagement de ceux fur lefquels les nouveaux chemins paffent, fuivant l'eftimation qui fera faite par les intendans, de la valeur du terrein qui leur eft abandonné.

Arrêt du confeil, du 26. Mai 1705.

doit-on aux particuliers dont on prend le terrein pour faire un chemin?

X ij

VII.

7. Il est défendu de couper les arbres qui sont sur les chemins.

Il est défendu de couper les arbres qui sont sur les grands chemins, à peine de soixante livres d'amende, & du fouet en cas de récidive.

Déclaration du roi, du 3. Mai 1720.

VIII.

8. Les pâtres doivent empêcher que les bestiaux ne les broutent.

Les pâtres & bergers doivent veiller à ce que les bestiaux ne broutent point les arbres, à peine de trente livres d'amende, dont les propiétaires des troupeaux sont responsables.

Ordonnance de la voirie, du 23. Août 1743.

IX.

9. Il n'est point permis de labourer les grands chemins.

Il est défendu de labourer les grands chemins, à peine de *soixante sols* d'amende. Il est aussi défendu d'y mettre aucun fumier, décombres & autres immondices, soit en pleine campagne, ou dans les villes, bourgs &

villages où passent les chaussées, d'y faire aucune fouille, d'y planter des arbres ou haies vives, sinon à six pieds de distance des fossés séparant le chemin de leurs héritages, à peine d amende.

Arrêt du conseil d'état, du 17. Juin 1721.

X.

Il est permis aux entrepreneurs des chemins de se servir des matériaux qui leur sont nécessaires, en quelque lieu qu'ils se puissent rencontrer, & de quelque qualité qu'ils puissenr être, par préférence à toutes personnes : à cet effet ils peuvent faire casser les roches qui se trouvent dans les héritages les plus proches des lieux où ils ont à travailler, & autres endroits, en dédommageant néanmoins les propriétaires de ces héritages sur le pied du prix courant, ou à dire d'experts.

*Arrêts du conseil, des 3. Octobre 1669.
& 3. Decembre 1672.*

XI.

11. Il est défendu de prendre les pavés des grands chemins.

Il est défendu d'emporter les pavés ou pierres des grands chemins, à peine du carcan, & des galères pour la seconde fois; défenses aussi de les récéler, sous peine de mille livres d'amende.

Arrêt du conseil d'état, du 4. Août 1731.

XII.

12. Il n'est point permis de combler les fossés qui sont le long des grands chemins.

Il est défendu de combler les fossés, ou d'abattre les berges qui bornent la largeur des grands chemins, d'anticiper sur cette largeur par des labours ou autrement, en quelque manière que ce soit, d'abattre aucunes bornes mises pour empêcher le passage des voitures sur les accostemens des chaussées, celles qui défendent les murs & les parapets des ponts, à peine de confiscation des chevaux, voitures & équipages,

& de cinq cens livres d'amende, & de prison pour ceux qui seront pris sur le fait ; de toutes lesquelles condamnations les maîtres sont responsables.

Arrêt du conseil d'état, du 4. Août 1721.

XIII.

Il n'y a aucune prescription pour ceux qui ont anticipé sur les chemins pour agrandir leurs terres ; ils peuvent être contraints en tous temps de les remettre en nature, nonobstant toute possession.

13. Les anticipations sur les grands chemins sont-elles prescriptibles ?

Arrêt du parlement de Dijon, du 17. Décembre 1617. *rapporté par Bouvot, tom.* 2. verbo *chemin, quest.* 2.

XIV.

Le chemin de charroi & de servitude doit être de huit pieds de largeur dans son étendue, & de seize pieds dans les tournans, s'il n'y a titre au contraire.

14. Quelle doit être la largeur des chemins ?

Loix des douze tables, L. 8. *de serv. præd. rustic. & L.* 23. *ibid.*

X V.

15. Il n'est point permis de couper les chemins par des fossés.

On ne peut faire des fossés qui coupent les chemins de villages a autres, à peine de cent livres d'amende, & d'être tenu de combler lefdits foffés, même de faire battre & applanir les terres dudit comblement, pour laiffer le paffage libre.

Arrêt du confeil d'état, du 22. Novembre 1735.

F I N.

APPROBATION.

J'Ai lu, par ordre de Monseigneur le Chancelier, un Manuscrit intitulé : *Code des Seigneurs hauts-justiciers & féodaux ;* & je n'y ai rien trouvé qui doive en empêcher l'impression. A Paris, ce trente & un Mars 1760.

COQUELEY DE CHAUSSEPIERRE.

PRIVILEGE DU ROI.

LOUIS, par la grace de Dieu Roi de France & de Navarre, à nos amés & féaux Conseillers les Gens tenant nos Cours de Parlement, Maîtres des Requêtes ordinaires de notre Hôtel, Grand-Conseil, Prévôt de Paris, Baillifs, Sénéchaux, leurs Lieutenans Civils, & autres nos justiciers qu'il appartiendra, Salut. Notre amé NICOLAS DES ROCQUES, Imprimeur - Libraire à Senlis, Nous a fait exposer qu'il désireroit faire imprimer & donner au Public un Ouvrage qui a pour titre : *Code des Seigneurs hauts-justiciers & féodaux ;* s'il Nous plaisoit lui accorder nos Lettres de Privilége, pour ce nécessaires. A CES CAUSES, voulant favorablement traiter l'Exposant, Nous lui avons permis & permettons, par ces Présentes, de faire imprimer ledit Ouvrage, autant de fois que bon lui semblera, & de le vendre, faire vendre & débiter par tout notre Royaume, pendant le tems de six années consécutives, à compter du jour de la date des Présentes. Faisons défenses à tous

Imprimeurs, Libraires, & autres perſonnes, de quelqu. qualité & condition qu'elles ſoient, d'en introduire d'impreſſion étrangere dans aucun lieu de notre obéiſſance; comme auſſi d'imprimer ou faire imprimer vendre, faire vendre, débiter ni contrefaire ledit Ouvrage, ni d'en faire aucun Extrait, ſous quelque pré-texte que ce puiſſe être, ſans la permiſſion ex-preſſe & par écrit dudit Expoſant, ou de ceux qui auront droit de lui, à peine de confiſca-tion des Exemplaires contrefaits, de trois mille livres d'amende contre chacun des con-trevenans, dont un tiers à Nous, un tiers à l'Hôtel-Dieu de Paris, & l'autre tiers audit Expoſant, ou à celui qui aura droit de lui, & de tous dépens, dommages & intérêts. A la charge que ces Préſentes ſeront enregiſtrées tout au long ſur le Regiſtre de la Commu-nauté des Imprimeurs & Libraires de Paris, dans trois mois de la date d'icelles; que l'im-preſſion dudit Ouvrage ſera faite dans notre Royaume, & non ailleurs, en bon papier & beaux caracteres, conformément à la feuille, imprimée, attachée pour modèle ſous le con-tre ſcel des Préſentes; que l'Impétrant ſe con-formera en tout aux Réglemens de la Librairie, & notamment à celui du 10 Avril 1725; qu'a-vant que de l'expoſer en vente, le Manuſcrit qui aura ſervi de copie à l'impreſſion dudit Ou-vrage, ſera remis dans le même état où l'Ap-probation y aura été donnée, ès mains de notre très-cher & féal Chevalier, Chancelier de France, le Sieur Delamoignon; & qu'il en ſera enſuite remis deux Exemplaires dans notre Bibliothéque publique, un dans celle de notre Chateau du Louvre, & un dans celle de notredit très-cher & féal Chevalier, Chan-

celier de France , le Sieur Delamoignon ; le
tout à peine de nullité des Préfentes. Du con-
tenu defquelles vous mandons & enjoignons
de faire jouir ledit Expofant & fes Ayans caufes pleinement & paifiblement , fans fouffrir
qu'il leur foit fait aucun trouble ou empêche-
ment. Voulons que la copie des Préfentes ,
qui fera imprimée tout au long au commen-
cement ou à la fin dudit Ouvrage , foit tenue
pour duement fignifiée , & qu'aux copies col-
lationnées par l'un de nos amés & féaux Con-
feillers Secretaires , foi foit ajoutée comme à
l'Original. Commandons au premier notre
Huiffier ou Sergent , fur ce requis , de faire
pour l'exécution d'icelles tous Actes requis &
néceffaires , fans demander autre permiffion ,
& nonobftant Clameur de Haro, Charte Nor-
mande & Lettres à ce contraire. Car tel eft
notre plaifir. Donné à Marly , le douzième
jour du mois de Juin l'an de grace mil fept
cent foixante & un & de notre régne le
quarante-fixiéme. Par le Roi en fon Confeil.

LE BEGUE.

Regiftré fur le Regiftre 15. *de la Chambre
Royale & Syndicale des Libraires & Impr. meurs
de Paris, No.* 391. *fol.* 211. *conformément au
Réglement de* 1723. *Fait à Paris , ce* 21. *Août*
1761.

Signé , **B A U C H E ,** *Adjoint.*

A Senlis , de l'Impr. de N. Des Rocques.